Wahre Wunder

FRITZ FENZL

Wahre Wunder

*Aufzeichnungen aus dem
geheimen Archiv
des Pater Frumentius
über das Wirken von Engeln
und Dämonen*

nymphenburger

Die Namen im Text wurden alle geändert,
mit Ausnahme von Pater Frumentius.

Besuchen Sie uns im Internet unter http://www.herbig.net

© 2000 nymphenburger
in der F. A. Herbig Verlagsbuchhandlung GmbH, München
Schutzumschlag: Wolfgang Heinzel
Schutzumschlagmotiv: Studio Gerd Weissing, Nürnberg
Satz: Schaber Satz- und Datentechnik, Wels
Gesetzt aus 11/14,5 Punkt Trump Mediäval in Quark XPress
Druck und Binden: Wiener Verlag, Himberg
Printed in Austria
ISBN 3-485-00853-2

INHALT

Das
Wunder Schöpfung

Was mich an diesem frühlingsfrohen Samstag nach St. Ottilien trieb, weiß ich wirklich nicht, jahrelang war ich nicht mehr in dem Benediktinerkloster gewesen.

Und bei der Fahrt dorthin musste ich beständig an Kardinal Ratzinger, die »rechte Hand des Papstes«, denken. – Warum?

Eine Kuriosität des üblichen Denksalates in meinem Gehirn? Ein Imago, das nicht aus meiner Vorstellung wollte, mit einer Hartnäckigkeit, über die ich mich selbst wunderte.

Dabei sollte mir das Wundern bei einer nahezu lebenslangen Beschäftigung mit Wundern und eigenartigen sowie übernatürlichen Phänomenen längst abhanden gekommen sein!

Als ich schließlich den Wagen auf dem Parkplatz von St. Ottilien abgestellt hatte und den Weg zur Kirche, zu dem monumentalen kathedralenähnlichen Sakralbau entlangschritt, glitt ein schwerer schwarzer Mercedes mit abgedunkelten Scheiben vorbei. Das auf eigenartige Weise unheimlich wirkende Gefährt kam einige Meter vor mir auf dem majestätischen Plateau vor dem Kirchenportal zum Stehen. Als der Fahrer herausgesprungen war und behände die Tür zum Fond des Wagens öffnete, entstieg Kardinal Ratzinger.

Der wiederum begrüßte einen auf ihn wartenden Mönch in schwarzer Kutte, der alt aussah und ewig jung zugleich, der auch von auffallend großer Gestalt war, wirklich überraschend groß und mich an ein El-Greco-Bild erinnerte... Wenn es lebende Heilige gibt, dann müssen sie wohl so oder so ähnlich durch die Welt schreiten.

Pater Frumentius.

Später erfuhr ich: Frumentius übersetzte Kardinal Ratzinger eine Rede, die dieser im Vatikan bei einer Bischofssynode halten musste, ins Lateinische.

Und der Lenker jener dunklen Limousine, der so geflissentlich den Türschlag aufgetan hatte, war kein Geringerer als der Direktor einer bedeutenden Bank Deutschlands. Ihm ist es Ehre und Dienst am Heiligsten, den Kardinal, solange der sich im Lande aufhält, dorthin zu fahren, wo er es wünscht. Durch die dunkle Scheibe des Mercedes sah ich auf der Rücklehne den Flugplan der »Alitalia«. –

Aus Verlegenheit sagte ich zu dem Kirchenfürsten: »Grüß Gott...«, und ehe mir die korrekte, ehrerbietige Anrede eingefallen war, grüßte der freundlich zurück und ließ sich auf ein kurzes Gespräch ein.

In der nahe gelegenen Klosterbuchhandlung erfuhr ich dann vom legendären Ruf des Paters Frumentius, vor allem, was dessen Umgang mit außergewöhnlichen Phänomenen betrifft.

»Wann immer im deutschsprachigen Raum ernste Schwierigkeiten auftauchen mit Erscheinungen und Manifestationen, mit Satanismus, Hexenglauben, mit jeder Art von Spuk, Telepathie, Hellsehen, okkulten Erlebnissen vor allem in Grenzsituationen wie Krieg, Nachkriegszeit und Not, wenn es Probleme gibt mit Nahtoderfahrungen, präkognitiven Träumen, erschreckenden Erlebnissen beim Kristallsehen, mit Astrologie, Ufos, vor allem jedoch mit Prophezeiungen, die tatsächlich wahr werden und sehr belastend sein können... Frumentius kann helfen!«, so erfuhr ich.

Und ich erstand das in Insider-Kreisen hoch geschätzte und viel verkaufte Buch »Im Kampf gegen Magie und Dämonie«, in dem ich zu dem Thema so viel fand wie nirgends sonst!

Stunden später lernte ich den weisen, eingeweihten, Gott nahen Mann in einem ersten Gespräch kennen: Aus der einen Unterredung wurden viele... Über die Jahre ist mir »St. Ottilien« zum festen Termin geworden, der immer und immer wieder geistige Läuterung verspricht und auch hält.

Die Treffen haben längst meinen Blick geschult: Dämonen gibt es, ebenso wie Engel, hilfreiche Mächte wie verderbliche und das Schlachtfeld von beiden Kräften ist der Geist des Menschen.

In den Tagen nach der großen Jahrtausendwende,

genau am 4. Januar 2000, fand sich auf meinem Anrufbeantworter eine lange Nachricht von Frumentius: Ich möge doch erneut kommen, ihn besuchen und dann all die Geschichten aufschreiben, die er in seinem langen Leben aufgezeichnet habe und mir nun erzählen wolle. Es sei an der Zeit.

Pater Frumentius sieht seine Mission darin, die eigentliche Aufgabe der Kirche in unserer und jeder anderen Zeit zu erkennen und in seinen kraftvollen Geschichten weiterzugeben: Eine Vermittlerrolle zwischen den geistigen Mächten möge sie darstellen, eine Schutz- und Anlaufstelle für Suchende soll sie sein, eine Warnerin und weise Verwalterin des Übersinnlichen.

Die Kirche steht auf der Seite von Jesus Christus und des Heiligen Geistes und auf der Seite Gottes, des Schöpfers von Himmel und Erde, des allmächtigen Vaters...

Seit diesem Anruf haben wir uns sehr oft, zumeist sonntags, getroffen. Unvergessen sind mir die Augenblicke: Des Paters Augen leuchten, alle Geschichten – die alle wahr und belegbar sind, so unglaublich sie klingen mögen –, sie kommen aus einer ganz anderen Welt.

Und doch ist alles real.

Längst weiß ich nun: Die Wirklichkeit, wie wir sie sehen, sie ist nur ein Ab-Bild. Manchmal gar nur ein Abklatsch – der allerdings sehr schön sein kann und verführerisch. Mehr nicht.

Wer kann erklären, was keiner erklären kann?
Gott weiß.
Und der Glaube hilft uns weiter.
Es gibt Dinge, die liegen jenseits unserer Vorstellungswelt und Vorstellungsgabe und weit ab allen Denkvermögens. Der Verstand kann all dies nur fassen, wenn er sich einer Symbolsprache bedient, mit Hilfe derer er die wahre »Energie« von Geschichten zu entschlüsseln lernt.
Die Symbolsprache, die wir hier wählen wollen, sei das »gesprochene Bild«, die Geschichte. Im Anfang war das Wort. »...und das Wort war bei Gott!«
Der Glaube an Wunder öffnet den Weg.
Wunder leben, wie alle übersinnlichen Erscheinungen, vom Augenblick. Und sie leben vom richtigen Ort sowie der Zeit, die den richtigen Ort dann, wenn es »an der Zeit« ist, »durchwebt«.
Wunder öffnen den Blick für die Schöpfung.
Wenn wir uns nun im Folgenden mit wahren Wundern beschäftigen, wollen wir unseren Blick bewusst in Richtung Kirche wenden und einen wichtigen, wenn nicht den wichtigsten Aspekt von Religion und Kirche überhaupt beleuchten: Kirche und Religion sind Verwalter des Übersinnlichen!
Denn viele Zeitgenossen haben vergessen, welche geistige Sprengkraft die Bibel in sich trägt, was alles an wahrhafter Über-Sinnlichkeit unsere eigene Religion zu bieten hat – und was unsere eigene Kirche, vor allem die katholische, alles an wirk-

lich greifbarem Okkultismus seit zweitausend Jahren verwaltet!

Die Erlebnisse und Geschichten des Benediktinerpaters Frumentius, der mittlerweile zweiundneunzig Jahre alt ist, geben umfassend Auskunft, was wirklich und authentisch »zwischen den Welten« los ist.

Nun ist es leider so: In der Theologie und im innerkirchlichen Bereich, vorwiegend in der Pastoral, dominiert heute der Trend, all jenes auszuklammern, was rational nicht klar erfassbar ist.

Genau dieser Bereich jedoch, das »Zwischenreich« (wir meinen: der Bereich, wo es überhaupt erst wesentlich wird!), soll mehr und mehr auf das Gebiet der Psychologie und Psychiatrie geschoben werden.

Es gibt jedoch sehr viele Berührungspunkte und Überschneidungen!

Und es ließe sich der New-Age-Welle, in deren Sog sehr viel geraten ist, was uns heute als religiös oder spirituell begegnet, durchaus Ur-Christliches entgegensetzen!

Sehr schnell wird dann auch klar, dass die Esoterik nur eine klaffende Lücke schließt, die durch die Ausklammerung der Mystik in der Kirche unweigerlich entstanden ist.

Doch ist es unverantwortlich, suchende Menschen und vor allem Jugendliche mit dem weit gestreuten Angebot des »spirituellen Supermarktes« allein zu lassen, denn die meisten sind sich der Gefährlichkeit all dieser Dinge überhaupt nicht bewusst.

Frumentius meint: Ein Priester, der zu wenig informiert und zu wenig einsatzbereit ist auf dem Gebiet der Dämonologie, der Magie, ja der Paranormalität überhaupt, der kann den Erwartungen der Hilfe suchenden Gläubigen nur höchst ungenügend entsprechen.

Ähnliches gilt vom Erzieher, vom Lehrer und vom Arzt.

In den »Regeln zur Unterscheidung der Geister« von Johannes B. Scaramelli heißt es: »Der teuflische Geist erzeugt im Verstande Finsternis oder falsches Licht... unter dem man die Dinge falsch sieht und das in Unruhe und Verwirrung stürzt...«

Lernen wir, die Geister zu erkennen und zu unterscheiden. Und die guten Geister, die wahren Wunder und deren Ursachen zu loben.

Nichts anderes als diese Öffnung der Kirche wird der Grund gewesen sein, dass Pater Frumentius das geheime Archiv, dem die folgenden Geschichten zugrunde liegen, öffnete und mir von den vielen unglaublichen und doch wahren Erfahrungen seines langen Lebens berichtete.

*Wunder sind
allgegenwärtig*

»*Dann* hält man Sie eben für ver-
rückt!«, sagte der weise Pater eines Tages zu mir
und die Augen lachten dieses Lachen der Unend-
lichkeit, nachdem ich ihm geschildert hatte, dass
mir seit der intensiven Beschäftigung mit Wundern
Dinge passieren, die glattweg den Rahmen der
grimmschen Märchen sprengen würden. Das ist
das Ver-Rückte, wenn man beginnt, die Welt des
Wunderbaren in der Seele, im Herzen und in der
Wahr-Nehmung zuzulassen.

»Wirklichkeit, besser, die so genannte Wirklichkeit,
ist weiter nichts als ein Schein, bestenfalls schöner
Schein, gar manches Mal hässlicher Schein. Aber
eben nichts als Schein!«

Das Wunder kann in das Leben eines jeden Menschen treten, purzeln, stolpern…

Und: Das Wunder kommt nie angemeldet, es lässt
sich nicht zwingen, es hat seine Zeit, wischt es doch
die Grenze zwischen Raum und Zeit weg. In der Sekunde des Wunders blitzt die Ewigkeit auf.

Da jedes Wunder eine Gnade bedeutet (ein Geschenk – also fast ganz ohne eigenes Zutun), ist das

19

Verstehen eines Wunders ebenso als Gnadengabe zu betrachten.

Wunder, sie sind so alt wie die Menschheit und noch viel älter. Letztlich ist der Mensch selbst ein Wunder, die Schöpfung um ihn herum ist es nicht minder. Ganz im Gegenteil: In den leuchtenden Farben der geschaffenen Welt, in dieser ewig im Kreislauf sich selbst erfüllenden grandiosen Idee des »Es werde!« zeigt sich andauernd, dass alles, was ist, im Grunde unerklärlich bleibt. (Die Naturwissenschaftler mögen mir diesen Satz verzeihen, aber was ist denn schon erforschbar? Was von dem, was wirklich zählt, was uns alle am Leben erhält und uns die Liebe schenkt?)

»Wunder stehen nicht im Widerspruch zur Natur, sondern im Widerspruch zu unserem Wissen von der Natur«, hat Augustinus gesagt. Genau das ist es. Wir wissen viel zu wenig, das Schlimme ist jedoch nicht dieses Nichtwissen, sondern das Nichtwissen vom Nichtwissen: Wir glauben fest und unerschütterlich, im Besitz finaler Wahrheiten zu sein.

Und sind es nicht.

Was für eine Verschwendung unseres herrlichen Glaubens-Potenzials!

Das, was wir Menschen Zufall nennen

Die folgende Geschichte trug sich im Jahre 1946 in München zu.

Vom Siegestor aus, das damals in einem elenden Zustand war, führt nach Osten hin die Ohmstraße.

An dem betreffenden Tage, ein kalter Wintervormittag ist es gewesen, setzte sich die junge Familie Kurt und Marianne Weirich mit der einjährigen Tochter Renate in eines der wenigen Autos, die damals auf den kaputten Straßen zu sehen waren.

Wohin sie wollten, das konnte dann keiner mehr sagen...

Das Stadtbild in jenen Tagen war von düsteren Ruinen geprägt. Oft standen nur noch einzelne, unheimlich wirkende Wände, die mehrere Stockwerke hoch ragten, schwarz, mit leeren Fensterhöhlen, die das hohle Totengesicht des erbarmungslosen Bombenkrieges zeigten.

Was dann irgendwann an diesem Vormittag geschehen sein muss in der Ohmstraße, das lässt sich nur im Nachhinein rekonstruieren.

Als das Auto mit den drei Personen in die Ohmstraße eingebogen war, kippte solch eine Ruinenwand, die eben noch vier Stockwerke hoch dem kalten Wintertag getrotzt hatte, zur Straßenseite hin um. Langsam, mit der unheimlichen Langsamkeit des Unausweichlichen, begann die Katastrophe: mit donnerndem Krachen, splitternden Ziegeln und alles vernebelndem Staub zerschmetterte der Koloss Straße und Auto.

Überlebt haben konnte das eigentlich keiner.

Doch ein Wunder war geschehen: Das Kind blieb unversehrt.

Durch die ohrenbetäubende Erschütterung war das Mädchen lediglich aus dem Schlaf gerissen worden. Die Retter brauchten, nachdem sie über Schutt und Trümmer zu dem zerquetschten Automobil vorgedrungen waren, das Kind nur vom Staub der geborstenen Ziegel zu säubern und ein wenig zu beruhigen.

Eine Fensteröffnung der auf das Auto gestürzten Fassade hatte eben jenen alles entscheidenden Ausschnitt, einen Lebens-Ausschnitt im wortwörtlichen Sinne, ausgespart, der dem unschuldigen Wesen zum zweiten Mal das Leben schenkte.

Nun ist, Gott sei Dank, ein einjähriges Kind viel zu klein, um den erlittenen Verlust der Eltern seelisch und geistig bewusst mitzuerleben.

Renate blieb das unglaubliche Glück auch im weiteren Leben hold. Sie fand liebe Zieheltern, entwickelte sich geistig, seelisch und körperlich prächtig und fand schließlich Erfüllung in einer

Glück bringenden und anhaltenden Ehe, aus der zwei gesunde Kinder hervorgingen. Sie ist heute eine Frau Mitte Fünfzig, die mitten im Leben steht.

Wer bestimmt den Zeitpunkt, wann auf Erden etwas geschieht, was geschieht? Wer kann es sagen! Das Zusammentreffen von vielen verschiedenen Faktoren an einem ganz bestimmten Kreuzungspunkt von weltlichen und höheren Gegebenheiten, die wir dann unbeholfen Zufall nennen, das ist in Wirklichkeit eine gigantische Fügung von Ort, Zeit und Handlung, von Willen, Wollen und Erdulden, je nachdem.
Welche Macht steckt hinter all dem Geschehen? Warum will diese Macht oft das, was uns nie in den Kopf geht?
Zufall das alles?
Wir wissen längst, den gibt es gar nicht. Alles kommt genau so, wie es vorgesehen ist.

ALINA RETTET EIN LEBEN

Dies ist eine der aktuellsten Geschichten. Sie spielt im Herbst des Jahres 1999 in Münster. Eine Mutter erzählt in diesem Zusammenhang, wie ihr ein Wunder in Gestalt eines kleinen Mädchens begegnete:

»Schweren Herzens begab ich mich am 22. Oktober auf den Weg nach Hause. Ich war schwanger, ungewollt schwanger, und in meinem Kopf spielten und spukten die widersprüchlichsten Gedanken. Heute schäme ich mich, solche Gedanken überhaupt in meinem Hirn zugelassen zu haben.

Ich hatte an einer Messe für ungeborene Kinder teilgenommen. Wahrscheinlich hatte mich der liebe Gott persönlich dorthin geschickt.

Doch wie enttäuscht war ich über die Predigt des Zelebranten. Denn dieser benützte eben diese Ansprache an die Gläubigen dazu, den Beratungsschein für Frauen, die abtreiben wollen, zu verteidigen. Der Priester stellte sich damit offen gegen die Entscheidung des Papstes.

Einige verließen aus Protest den Kirchenraum. Ich auch.

Erst nachdem diese uns so empörende Predigt vorbei war, gingen wir wieder hinein.

Heute wundere ich mich, dass ich so reagiert habe.

Denn eben noch, bevor ich den Kirchenraum betreten hatte, war der Gedanke an eine Abtreibung meines eigenen Kindes in mir gewesen.

Dann, nach Beendigung des eigenartigen Gottesdienstes, überstürzten sich die Ereignisse. Ja, es waren lebensverändernde Erdrutsche, die allerdings in meinem Kopf vonstatten gingen.

Das Wunder begegnete mir in Gestalt eines zierlichen elfjährigen Mädchens.

Dieses feine, zarte Ding, das da glückselig an der Bushaltestelle saß, erzählte mir, sie habe soeben ihre Mutter im Krankenhaus besucht. Mama bekomme nämlich ein Brüderchen. Oh, wie sie sich darauf freue, denn bisher sei sie ein Einzelkind gewesen!

Alina fasste sofort Vertrauen zu mir, da sie mein ehrliches Interesse spürte.

Als wir im Bus waren, setzte sie sich gleich neben mich. Ihre zu zwei fröhlichen Zöpfen zusammengebundenen blonden Haare wackelten voller Dynamik und Lebensfreude, so freudig erregt war das Kind, nur um mir alles genau zu erzählen:

Ihre Mutter habe Krebs und man habe die ganze Gebärmutter samt dem Baby herausnehmen wollen.

Sie aber, Alina, habe zu ihrer Mutter gesagt:

›Mama, der liebe Gott schenkt uns ein Baby, es darf nicht sterben!‹

Darauf habe ihre Mutter geantwortet: ›Wenn es so ist, dann will ich das Kind behalten!‹

Kurz darauf sei der Krebs zurückgegangen, es blieben nur noch ›ganz kleine Perlen da‹, wie Alina sich ausdrückte. Das läge an den Hormonen, die das Wunder bewirkt hätten, erklärte das Kind feierlich...

Mit welchem Ernst sie das Wort Hormone aussprach!

Nun zog Alina Ultraschallaufnahmen von dem Baby aus der Tasche und erklärte mir: ›Schau: Da beginnt das Baby zu gähnen, hier hat es den kleinen Mund ganz weit auf, da schließt es ihn wieder.‹

Dann kramte sie noch voll Begeisterung eine andere Aufnahme aus ihrem Kinderrucksack und erklärte feierlich: ›Dieses Bild gehört mir. Ich nenne mein Brüderchen Dicker, mein Papa sagt Hopps zu ihm, weil er immer so niedliche Kuhlen und Berge auf Mamis Bauchdecke verursacht. Außerdem hat mein Papa schon eine kleine Carrera-Autobahn und andere Spielsachen für Jungen gekauft.‹

Ihr Blick ging nun mit unendlicher Liebe ins Leere und sie lachte so verständnisvoll, sie lächelte über das Kind im Manne in Gestalt ihres Papas. Denn Hopps würde doch bestimmt noch eine ganze Zeit brauchen, um mit all diesen Dingen spielen zu können. Oder nicht?

›Gewiss‹, sagte ich tonlos, wie aus tausend Sphären des himmlischen Lichtes purzelnd.

26

›Ich bete jeden Tag für mein Brüderchen‹, erklärte
Alina dann, kurz bevor sie ausstieg.
Ich konnte die Tränen nicht mehr zurückhalten.

Selbstverständlich brachte ich mein Kind zur Welt.
Es ist gesund und heißt Jonathan.
Ich danke Gott jeden Tag für den kleinen Engel
Alina mit den fröhlichen Zöpfen, damals an der
Bushaltestelle.«

*Wie auch andere Schutzengelgeschichten in diesem
Buch zeigen, können einem im Leben Menschen
begegnen, die »von oben sind«.
Wir sollen lernen, nicht nur auf solche Menschen,
sondern überhaupt auf Zeichen zu achten, denn
Zufälle gibt es nicht. Frumentius sagt: »Das Reich
Gottes ist in euch! Es ist indes auch immer wahr-
nehmbar für euch. Doch nur wer sehen will, der
sieht.«*

Die Wunderkraft des Gebets

Beten kann nicht nur für besonders fromme Menschen hilfreich sein. Es soll daher keiner von vorneherein sagen: »Das ist nichts für mich.« Vielmehr bedeutet das Beten eine Geisteshaltung, eine derart starke Beeinflussung des Unterbewussten und dessen unglaublicher Wirkung und Ver-Wirklichung in der Realität, dass es verwundert, warum nicht mehr Menschen von der wahren Wunderkraft des Gebetes Gebrauch machen.

August Strittmeier ist ein gewissenhafter Angestellter in gehobener Position. Für ihn bedeuten Beruf und Fortkommen, vor allem jedoch seine sichere Stellung alles. Und da er es bei einer großen deutschen Bank weit gebracht hat, wünscht er sich nichts sehnlicher, als dass seinem Sohn Karl-Ludwig ebenfalls eine vergleichbare Bankkarriere beschieden sein möge.

Der Sohn, ein eleganter, hoch gewachsener, eher ins Musische tendierender junger Mann, hatte stets etwas unter dem überkorrekten Vater zu leiden. Obwohl in vielem sogar begabter und großräumiger im Denken, fehlte dem jungen Mann angeblich der gewisse Biss – zumindest sah der Vater dies so.

So wundert es nicht sonderlich, dass der Sohn sich der überstrengen Erziehung und dem starren Vorbild lange dergestalt entzog, dass er das Studium schleifen ließ.

Doch immer mehr erkannte der Sohn die Notwendigkeit guter Abschlüsse.

Mit dem Vater hatte er sich ausgesöhnt, wollte nur allzu gerne selbst »Banker« werden.

Die Noten waren jedoch nicht so, wie sie hätten sein sollen, um bei der gnadenlosen Auslese, die nun einmal herrschte, eine reelle Chance zu haben. Dazu kam die stattliche Zahl von 150 Bewerbern. Obwohl klar war: Karl-Ludwig hat eine ausgeprägte und auffällige Begabung im Querdenken und in der schnellen und gezielten Art, Kontakte zu schließen, und er würde sicherlich bravourös seinen Weg gehen.

Da begann der Vater, wiewohl kein Frömmler, gezielt zu beten. Als er später Pater Frumentius die ganze Geschichte berichtet, ist es ihm fast peinlich zuzugeben, dass er Tag für Tag die Novene zum heiligen Josef gebetet hat.

Er betete also. Neun Tage lang.

Dann, am neunten Tage, hatte er in privaten Belangen auf jener Bank zu tun, deren Hauptfiliale in der großen deutschen Stadt liegt, in der er wohnte. Seine Geschäfte waren nun erledigt, er durchkreuzte die Haupt-Schalterhalle, wollte ins Auto einsteigen. Da kam laut schreiend ein Kunde hinter ihm her gelaufen: »Sie haben ihre Schlüssel am Schalter liegen lassen!«

Tatsächlich. Strittmeier überzeugte sich, ging rasch zurück.

Er nahm den Schlüssel, der noch dalag... da kam zufällig der führende Direktor durch die Halle.

»Strittmeier!«

– Eine überraschend herzliche Begrüßung.

Der Direktor freute sich, den alten Bekannten begrüßen zu dürfen.

»Wie kann ein so gewissenhafter Mann wie Sie den Schlüssel liegen lassen!«, lachte er. Und lud Strittmeier zu einer Tasse Kaffee in sein Büro.

Man plauderte angeregt. Die Rede kam schließlich – wie zufällig – auf den Sohn.

Strittmeier, der viel zu bescheiden war, als dass er den Direktor in dieser Sache je hätte direkt ansprechen wollen, erzählte seine Sorgen.

Der Direktor, der für sein Büro gerade eine zuverlässige Kraft suchte, ließ Karl-Ludwig einstellen.

Das Gespräch hatte am neunten Tage des Novene-Betens des Vaters zum heiligen Josef stattgefunden!

Wo vertrauensvoll gebetet wird, womöglich von der Familie oder von ganzen Gruppen, da ereignet sich Außergewöhnliches. Diesen Satz von Pater Frumentius möge der Zweifler einfach »experimentell« ausprobieren. Was kann denn dabei schon passieren – außer Gutes?

DAS VERSCHWUNDENE BABY

Der folgende Fall ereignete sich in Neuburg an der Donau und ist erst zwanzig Jahre her.

Eine Frau hatte damals ein gesundes Baby bekommen, ein Mädchen mit Namen Ruth. Die Familie wohnte in einem kleinen einfachen Haus, das noch lange nicht abbezahlt war, den drei Menschen aber Schutz bot und Geborgenheit.

Nun war es also wieder Abend geworden an einem späten und unwirtlichen Herbsttage. Nebel standen am späten Nachmittag und während der frühen Dämmerung über den Wiesen und jetzt, da die Nacht sich über das ziemlich einsam daliegende Anwesen gesenkt hatte, kam ein eigenartiger Wind auf, der an den Fensterläden wütend rüttelte.

Liebevoll legte die Frau die kleine Ruth ins Bett, nachdem sie alles besorgt hatte, was eine fürsorgliche Mutter eben so tut, bevor sie ihr Kleines der Ruhe der Nacht überlässt.

Da ging sie nochmals nach unten, um sich ein Buch zu holen. Sie wollte an der Wiege, die im ersten Stock stand, wachen, bis das Kind eingeschlafen war.

Außer ihr befand sich nur ihr Mann Joseph im Haus, er las in der Küche die Zeitung. Alle Türen waren versperrt, im oberen Stockwerk die Fenster fest verschlossen. Der Sturm schrie wie ein Kind.

Als die Mutter wieder nach oben kam, war die Wiege leer.

Das war nun leider kein Trugschluss, auch heftigstes Suchen blieb erfolglos. Das Baby war und blieb tatsächlich verschwunden.

Wer kann oder will sich das Entsetzen vorstellen!

Was tut man in so einem Fall? Man ruft die Polizei.

Die war bald da, untersuchte alles, protokollierte, nahm auf, tröstete…

Doch das Baby blieb verschollen.

Unbeschreiblich das Leid der jungen Mutter, die Verzweiflung und Ratlosigkeit des Vaters. Die Frau beratschlagte mit ihrem Mann, Vorwürfe wurden laut, die ebenso sinnlos wie hilflos und dumm waren, die beiden kontrollierten immer und immer wieder die Einrichtung, stellten erneut alles auf den Kopf und stellten die immer gleiche Frage: »Wie ist das möglich?«

Allein, das Kind blieb unauffindbar. Angst und Trostlosigkeit wuchsen.

Wechseln wir nun den Schauplatz.

Es ist finstere Nacht. Und drei Kilometer entfernt,

in einem anderen Weiler, schickt sich die Hausfrau an, das Heim abzusichern. Ein letzter Kontrollgang vor dem Schlafengehen.

Es ist nahezu windstill, doch zieht es ganz eigenartig im Haus. Irgendwo muss wohl ein Fenster offen sein.

Die Frau schlurft die Kellerstiegen hinab, denn dorther scheint der Luftzug zu kommen. Direkt vor dem alten und auch feuchten Gemäuer nimmt ein Fluss seinen Lauf. Der nicht allzu tiefe Altwasserarm reicht bis unmittelbar vor das Kellerfenster.

Tatsächlich, das stand weit offen!

Vor allem jedoch eines beunruhigte die Frau, als sie sich anschickte, das offen gebliebene Fenster zu schließen: Von draußen her erklang das markerschütternde Jaulen einer Katze.

»Eigenartig«, dachte sie bei sich und näherte sich dabei dem Fenster, »wie gelangt eine Katze um diese Zeit ins Wasser?«

Sie beugte sich aus dem Fenster und schaute angestrengt in die Richtung des Jaulens. In der Dunkelheit war wenig zu erkennen. Und doch…

Es war… nein, nicht möglich! – Doch! Es war ein sehr kleines Kind, das laut und verzweifelt schreiend auf der anderen Seite des Flusses lag.

Natürlich eilte sie hinaus, holte das ausgekühlte Wesen, hüllte es in Decken, tat alles Nötige für eine Erstversorgung.

Man rief eilig die Polizei.

Bald wurde klar: Dieses war das vermisste Kind.

Wie groß, wie unbändig war die Freude der Eltern! Einfach unbeschreiblich.

Und doch, trotz der Freude blieb das Entsetzen: Wie kam die kleine Ruth drei Kilometer weit? Wo doch dazwischen der Fluss seinen Lauf nahm?

Keiner weiß es bis heute.

Das Phänomen der Tele-Portation (also des Fortbewegens von Materie, ja sogar lebender Menschen über Kilometer hinweg, wozu eine De-Materialisierung notwendig sein kann), dies überwältigende Phänomen bleibt selbst für Pater Frumentius unerklärlich.

Er betont, für eine Dematerialisation bestünde kein Anhaltspunkt, war doch das Kellerfenster offen gestanden.

Vielleicht steht diese Geschichte einfach dafür, wie gefährdet wir alle sind – durch Vorkommnisse und Kräfte, die unsere Ratio überhaupt nicht »auf die Reihe« bekommt.

Hilfe gewährt intensives Beten, dies betont der Pater immer wieder.

DIE WALLFAHRT,
DIE EIN LEBEN VERÄNDERTE

Frau Maria Hamann gilt als geistig etwas gestört, ist aber lieb und harmlos. Auf Grund der langsamen Art zu denken, vielleicht auch anderer Umstände wegen, blieb sie immer ledig. Sie war die Einzige in der Familie, die mit diesem »Makel« behaftet lebte.

Marias leiblicher Bruder war ein Benediktiner in einem großen Konvent. Er brachte sie auf die Idee zu einer Wallfahrt zum Wannenkäppele in der Nähe von Roggenburg. Seit dem Dreißigjährigen Krieg sind Wallfahrten dorthin bekannt. Und nicht nur das. Man weiß von beglaubigten Wundern und Wunderheilungen.

Als Maria soeben von einer derartigen Pilgerreise heimgekehrt war, ereignete sich folgender kurioser Dialog:

Der Bruder betrat die Stube, redete sie in gewohnter Weise so an, wie man ein scheinbar begriffsstutziges Wesen anspricht.

»Vielleicht gehen wir morgen ins Grüne, Himmel anschauen«, sagte er, da er ihr einen Ausflug nahe bringen wollte.

»Ist schon recht«, meinte die Angesprochene knapp, aber höflich, »ich habe mich mit einer Freundin zu einer Zugfahrt nach Hamburg entschlossen. Den Hafen besichtigen. Die Atmosphäre schnuppern, einfach einmal etwas anderes.«

So hatte der brave Mönch seine Schwester noch niemals reden hören: knappe, klare Sätze, eindeutig in der Diktion, verblüffend im Inhalt. Hinter der Rede stand zudem die Kraft des Willens. Ein Wille, der ihr als Wesen mit eingeschränkter geistiger Kapazität stets gefehlt zu haben schien.

Maria war in der Tat geistig gesundet.

Ein echtes Wunder.

Diese Gesundung hielt übrigens bis zu ihrem Tod an.

So unglaublich uns diese Geschichte vorkommen mag, sie ist verbürgt. Jedes Wunder ist und bleibt mit dem Verstand oder den »Gesetzen«, wie wir sie zu kennen glauben, nicht erklärbar.

Das Wunder erweitert diese und jede andere Wirklichkeit, da es vom Erklärbaren auf ein tieferes Geheimnis der Schöpfung hinweist.

Pater Frumentius erinnert in diesem Zusammenhang extra daran, dass auch heute noch als unabdingbare Voraussetzung für eine Selig- oder Heiligsprechung ein Wunder verlangt wird, das auf die Fürsprache des in Frage kommenden Seligen oder Heiligen zustande gekommen ist.

Und, nicht vergessen: Das Wunder zeugt von der unglaublichen Kraft des Gebetes!

Die »Wirklichkeit« ist sowieso ganz anders, als wir glauben. Und über das, was die Wissenschaft heute Wahrheit nennt, können wir in hundert Jahren bestimmt nur noch lachen.

DIE GNADE DER HEILUNG

Eine Frau Mitte Fünfzig mit Namen Eleonore Krohn litt seit vielen Jahren an einer recht schmerzhaften Behinderung des rechten Armes. Die Beweglichkeit war außerordentlich eingeschränkt. Typisch, geradezu charakteristisch für jenes Leiden war auch: Eleonore hatte im Laufe der Jahre zahllose Ärzte besucht, hatte Bewegungskuren absolviert, in heilenden Quellen gebadet, verschiedene Heilpraktiker, am Ende auch noch Scharlatane und Geldschneider aufgesucht.

Ohne Erfolg.

Sie war auch nicht sonderlich fromm. Mehr zufällig – wegen liebenswerter Nachbarn und um der Geselligkeit willen – machte sie eine Pilgerfahrt nach Altötting mit, einem der bekanntesten Wallfahrtsorte Deutschlands.

Dort, im Allerheiligsten des achteckigen Tempels, der übrigens auf einer uralten heidnischen Kultstätte steht, hatte sie das Gefühl, von der Gottesmutter aufmerksam betrachtet zu werden.

Die Marienfigur mit dem Kind auf dem Arm starrte sie geradewegs an!

Sie hob beide Arme…

Noch »vor Ort« trat eine deutliche Besserung ein. Die Schmerzen wurden geringer, der Bewegungsradius des Armes nahm zu.

Eleonore lachte und sagte zu den Freunden: »Da seht ihr, was die Einbildung ausmacht!«

»Genieße es!«, antwortete eine Frau.

Da trat ein Herr auf sie zu, den sie vorher und hinterher nie mehr zu Gesicht bekam: »Lassen Sie es doch zu«, sagte der und verschwand hinter der Wand bunter Votivtafeln.

Noch bei der Heimfahrt war ihr jahrelanges Leiden fast gänzlich geheilt.

Die Frau lebt nun seit vielen Jahren völlig schmerzfrei. Sie hatte »es« zugelassen. Genau wie der fremde Herr es ihr geraten hatte.

So kam sie zu einem tiefen Glauben an verborgene Kräfte. Sie hat irgendwann, vor Jahren, dem Pater Frumentius die Geschichte ihres Leidens mit dem rechten Arm erzählt. Den Benediktiner wunderte dies allerdings gar nicht.

Die Alltäglichkeit dieses Beispiels möge Hoffnung geben: Das Wunder ist leise, es prahlt nicht: Es beschenkt. Ein Wunder ist ein Gnadenakt. Derartige Erhörungen, vor allem in Fällen schwerster Not und Lebensgefahr, hat das gläubige Volk immer wieder erfahren. Davon künden Votivtafeln und Hinweise in ganz Deutschland.

Die Zeit, in der wir leben, wird immer schneller, rücksichtsloser und brutaler. Nicht nur schnell-lebiger wird das Leben, auch die Schwingungsfrequenz der Erde erhöht sich ständig. Viele werden dahingerafft, weil sie dieser unmenschlichen Schnelligkeit nicht mehr gewachsen sind.

Wallfahrtsorte, Gnadenstätten, Kraftorte – gleich welcher Art –, sie retten. Und das im wahrsten Sinne. Wir brauchen keine Verschnellerung des Lebens, sondern eine Entschleunigung.

Lieber irgendwo stehen bleiben, verweilen und das Wunder zulassen. Wunder brauchen Zeit. Denn sie sprengen jedes Raum-Zeit-Gefüge. Wie Gott auch.

DER ÜBERGEWICHTIGE MESNER

In Frankreich gab es einen Ministranten, der mit Frumentius gut bekannt war. Dieser jugendliche Messdiener war ein echter Visionär! Er hatte, wie man das so nennt, »Gesichte«, auf jeden Fall besaß er das »zweite Gesicht«.

Und so kam es durchaus vor, dass der gottbegnadete junge Mann beim Hochamt den Herrn Jesus Christus sehen konnte.

Wo wäre eine schönere und passendere Gelegenheit, den Heiland zu schauen, als bei einer Hochzeit! Ist doch die irdische Hochzeit, die Verbindung also zwischen Mann und Frau, ein Abbild der großen himmlischen Vermählung, von der die Heilige Schrift berichtet.

Tatsächlich sah der junge Visionär bei jener feierlichen Gelegenheit Jesus Christus inmitten der Brautleute. Genau zwischen den beiden.

Damit nicht genug.

Kurz darauf, bei einer feierlichen Beerdigung, sah der begnadete Ministrant den Teufel.

Wundert es, dass bei solcher Begegnung auf höchster Ebene eine Menge Energie frei wurde?

Auf alle Fälle fiel der herbeigekommene Mesner ins offene Grab hinein. Das machte einen ordentlichen Krach, war er doch auf den hölzernen Sarg gestürzt. Man hat alsdann versucht, ihn mit eben jenen Seilen, die eben noch zum Hinablassen der Totenkiste verwendet worden waren, mühsam nach oben zu ziehen.

Doch Sie werden die Geschichte bald nicht mehr glauben: Das Seil riss.

Da war der Übergewichtige wieder im Grab drinnen. Sehr lebendig allerdings, denn er schimpfte fürchterlich.

Der Teufel allerdings war verschwunden, so berichtete der Visionär hinterher.

Sterben heißt
noch lange
nicht tot sein

Das Sterben ist geheimnisumwittert.
Jedes Sterben trägt seinen besonderen Charakter in
sich. Frumentius betont, das Sterben sei die »per-
sönlichste Tat« des Menschen. Seine allerletzte Tat
allerdings, zugleich jedoch auch der Beginn einer
langen Ewigkeit. Priester haben natürlich viel Er-
fahrung an Sterbebetten. Und Pater Frumentius,
mit seinen zweiundneunzig Lebensjahren, weiß
sehr genau, wovon er spricht: »Was sich beim Ster-
ben abspielt, ist nur noch teilweise ein Geschehen,
das in unseren Dimensionen geschieht.«

DIE STERBEBOTSCHAFT
AUS ÜBERSEE

In Tansania, in der Missionsstation von Peramiho, saß der Pater Severin Hofbauer ruhig beim Gebet. Das Tagewerk des frommen und fleißigen Mannes war vollendet. Er wusste nicht, warum, doch er musste plötzlich an einen erkrankten und unlängst eilig nach Hause zurückgekehrten Mitbruder denken: an Pater Edmund Lederer (der übrigens vor vielen, vielen Jahren Präfekt von Pater Frumentius zu dessen Internatszeiten gewesen war).

Nun, Pater Lederer war in Tansania während der hingebungsvollen Ausübung seiner Missionstätigkeit sehr schwer erkrankt, die wahre Ursache der Krankheit konnte jedoch keiner erkennen. Kein Arzt, kein Medizinmann, kein Mitbruder. So schickte man den Leidenden nach München, wo er am 21. Juni 1940 starb.

Still saß der Pater Severin Hofbauer vor der groben hölzernen Kirche der Missionsstation und grübelte. Welche Krankheit mochte den anderen gezwungen haben heimzukehren?

Da!

Was für ein wuchtiger Schlag!

Er hätte nicht sagen können, ob dieser gewitterähnliche, donnernde Lärm sich in der Luft abgespielt hatte oder auf dem Boden. Die Holzplanken der kleinen Veranda vor der Missionsstation zitterten und bebten.

Dann war es totenstill.

Das alles geschah am 21. Juni 1940. Später erfuhr der schockierte Benediktiner, dass zu eben dieser Minute in München der befreundete Mitbruder in die andere Welt hinübergegangen war.

Doch wäre diese Information für den einfühlsamen und »sehenden« Severin gar nicht nötig gewesen: Er hatte das Zeichen erkannt und wusste, dass sein Freund genau im Augenblick des wuchtigen Schlags gestorben war.

Gleich am nächsten Tag las er die Messe für die heimgegangene Seele.

Erst sehr viel später erhielt er aus München die offizielle Bestätigung.

Die Nachricht eines Sterbenden, vor allem an gute und enge Freunde oder Eltern, ist durchaus keine Seltenheit. Es fehlt den Lebenden zumeist nur das Wissen darum. Vieles wird auch als Zu-Fall abgetan. Ein bekanntes Zeichen ist das Stehenbleiben der Uhr oder des Perpendikels. Frumentius weist darauf hin, dass Verstorbene sich oft sehr bald nach dem Todeszeitpunkt in Träumen kundtun.

Die Totenerweckung
Don Boscos

Don Bosco, der berühmte Gründer des Salesianer-
Ordens, hatte einen Schutzbefohlenen. Das war
ein wirklich liebenswerter Junge, der allerdings
völlig unvermutet und plötzlich, zum Entsetzen
aller, verstarb.

Dies war schon schlimm genug, indes hatte den
armen Jungen so urplötzlich ein schneller Tod
hinweggerafft, dass der arme Kerl nicht einmal
mehr die Sterbesakramente empfangen hatte können.

Seine ausgesprochen vornehme Familie war über
den Verlust außer sich vor Schmerz.

In dieser verzweifelten und traurigen Situation
wurde eilends Don Bosco verständigt: Ob er denn
bitte nicht sofort kommen könne? Man wisse nicht
ein und nicht aus.

Obwohl der damals bereits berühmte und Gott und
dem Menschen stets nahe stehende Mann wie immer mit Aufgaben und Verpflichtungen eingedeckt
war, eilte er sofort in das Haus der Familie. Oh, wie
traurig und gedrückt war die Stimmung dort, als er
ankam!

Er fand den toten Jungen bereits in ein Tuch einge-
näht, was damals Sitte in Italien war.

Angesichts solch betrüblicher Szenerie wuchs das
Leid der Angehörigen schier ins Unermessliche.
Erst jetzt, da der geistige Beistand im Totenzimmer
stand, brach das Weinen und Klagen hemmungslos
aus allen heraus.

Und was tat Don Bosco?

Er ließ sofort das Tuch aufschneiden und blieb allein betend bei der Leiche.

Keiner kann sagen, was damals in jener Stunde in
Don Bosco vorging. Bestimmt war er von bedin-
gungslosem Glauben erfüllt.

Nach einiger Zeit erwachte der Tote zu neuem
Leben.

Der Junge schlug die Augen auf, begrüßte nun freudig seinen Besucher und erzählte ihm, er sei in
schwerer Sünde in das Jenseits gekommen.

Mehr noch, schlimmer noch: Der Teufel habe ihn
in die Hölle nehmen wollen, wogegen allerdings die
Gottesmutter Einspruch erhoben habe, weil er noch
nicht gerichtet sei.

Don Bosco beruhigte ihn und hörte gewissenhaft
zu. Der Junge legte nun die Beichte ab und war unbeschreiblich glücklich über die Lossprechung.

Da fragte Don Bosco ihn, ob er weiterleben wolle
oder nicht. Der Junge schaute ihn fest, fast bedauernd
an und meinte entschieden, er wolle lieber zurück.

Kurz darauf starb er. Diesmal endgültig.

Frumentius erklärt das Beschriebene so: Es er-
schiene sehr beachtenswert, dass das persönliche
Gericht nicht gleich in der von uns feststellbaren
Todesstunde erfolgen müsse. Der Junge, den Don
Bosco wieder erweckt hat, war nicht nur klinisch
tot, sondern auch in jener Weise gestorben, dass
seine Seele vom Körper getrennt war. Don Bosco
hat also, durch ein wirkliches Wunder, nicht nur
den Toten erweckt, sondern auch die abgeschie-
dene Seele in die Welt zurückgerufen.

DAS KLOPFEN AUS
DEM JENSEITS

Dass Verstorbene sich immer wieder bemerkbar machen und dadurch ums Gebet bitten, ist eine altbekannte Tatsache. Vor allem wenden die »Geister« sich an Personen, von denen sie Hilfe erwarten dürfen. So gesehen, ist es Verpflichtung und Ehre und nicht nur Belästigung, wenn ein Lebender von der Anderwelt »angegangen« wird.

Wir befinden uns im Refektorium eines angesehenen Klosters. Jedermann weiß, dass solch ein Ort immer einen abgeschlossenen geheiligten Bereich bedeutet, innerhalb dessen Gott verehrt werden soll.

Das war jedoch in dieser rauschenden Silvesternacht ganz und gar nicht der Fall. Eine Gruppe von Nationalsozialisten, alles hohe Beamte und Funktionäre mit vielen schönen Sekretärinnen und Freundinnen, feierten hier eine ausschweifende Party.

Das Grölen der enthemmten Betrunkenen und das kokettierende, aufreizende Lachen der Damen war in der gesamten Klosteranlage zu hören.

Bis hinein in den Kirchenraum...

Die Zeiger der Uhr rückten auf Mitternacht. Schon knallten im Refektorium, das sonst nur heilige und ausgewählte Schrift-Lesungen zu den Tischzeiten zu hören bekam, Korken aus den teuersten Champagnerflaschen der Welt.

...Da!

Welches Entsetzen! Was für ein Grauen!

Mit einem einzigen Ruck sprangen alle Türen des großen Saales gleichzeitig auf und ein durchdringender, eisiger Wind fegte durch den Speisesaal.

Nun war nicht nur die Stimmung beim Teufel, nein, all die Frevler stürzten fast gleichzeitig nach draußen in die kalte Neujahrsnacht. Im Inneren des Klosters wollte keiner mehr bleiben. Durch den unheimlichen Spuk war der Friede in den Räumen wiederhergestellt.

Doch dies war keineswegs die einzige sonderbare Begebenheit dieses Klosters. Nachdem die Patres nach Beendigung des Krieges wieder in ihr Kloster zurückgekehrt waren, machte sich ein Klopfgeist erneut bemerkbar.

Um dem Abhilfe zu schaffen oder wenigstens das rätselhafte Geschehen zu verstehen, veranstaltete einer der Patres ein Mortuarium, das ist ein Gedenkgottesdienst für all die Verstorbenen des Hauses. Jeder Name, soweit aus früheren Jahrhunderten noch bekannt, wurde verlesen und dazu ein passendes Gebet gesprochen.

Bei einem der Namen klopfte es plötzlich!

Darauf fragte der Priester: »Bist du es...?« Und er nannte den Namen.

Darauf als Antwort wieder das Klopfen. Nun sprach der Priester das Gebet und setzte das Mortuarium fort.

Nach diesem sonderbaren Ereignis forschten die Brüder in der Chronik nach und fanden heraus, dass der identifizierte Klosterangehörige ein Pater war, der zu Napoleons Zeiten gelebt hatte. Als junger Priester war er auf eine Pfarrei des Klosters gekommen. Dort hatte er allerdings eine Liebschaft mit einem jungen Mädchen aus der Gegend angefangen.

Doch eines Tages starb dieses Mädchen eines plötzlichen Todes. Über diesen Tod war der Pater so sehr erschüttert, dass er auf dem schnellsten Weg in sein Kloster zurückkehren wollte.

Es herrschte damals ein überaus strenger Winter, mit beißender Kälte und aggressivem Schneesturm dazu.

Spät in der Nacht kam der junge Pater völlig erschöpft am Tor des Klosters an und begehrte Einlass. Doch niemand tat ihm das Tor auf.

Am nächsten Morgen fand man ihn erfroren vor dem Portal. Man fragte sich lange Zeit: Sollte sein Klopfen nach dem Tod eine Strafe für das Kloster sein oder vielleicht auch die Bitte um Erlösung – die ihm allerdings erst gewährt werden konnte, nachdem seine Geschichte bekannt war? Es ist anzunehmen, denn das Mortuarium, das viele Jahre später ein weiser Pater veranstaltete, hat ihn von all den Leiden erlöst.

An manchem Totenbett ist das Vorhandensein einer anderen Welt überdeutlich spürbar. Solche Geschichten, wie sie von zahlreichen Geistlichen weitergegeben wurden, zeigen sehr genau, dass gerade beim Sterben die andere Welt gerne aufscheint.

Verstorbene haben sehr oft die Eigenschaft, dass sie sich »anmelden«. Es geschehen dann Dinge, die bedeutend und auffallend sind. Wichtig ist es dabei, das betreffende Zeichen wahrzunehmen und zu verstehen. Nur dann ist Erlösung möglich.

DAS SKELETT AN DER DECKE

Der Fall ist bezeugt von einem Doktor Benno Wipp aus München, gestorben im Jahre 1982. Dieser hat die Geschichte zu Lebzeiten getreulich an Pater Frumentius weitergegeben.

»Als Arzt hatte ich natürlich oft mit Sterbenden zu tun. Und mir war, da ich immer schon tief gläubig war, durchaus klar, dass der Tod Zeichen setzt – zumeist schon lange, bevor er das Zimmer betritt…«

Doch dann widerfuhr ihm ein Ereignis, von dem er derart mitgenommen wurde, dass er sogleich den Kontakt mit dem Pater suchte.

Er hatte eine sterbende Frau besucht, die im Süden Münchens wohnte. Ihm, als erfahrenem Arzt, war klar, dass dies Leben zu Ende ging. Er fühlte sich auch eher als Priester denn als Arzt.

Doch da… Er traute zunächst seinen eigenen Augen nicht, als er das Zimmer der eben verstorbenen Frau betrat, denn an der Zimmerdecke zeichnete sich deutlich ein Skelett ab.

Direkt über der Toten! Denn tatsächlich war die Frau, als ihm das Skelett aufgefallen war, verstorben.

Das Skelett jedoch, so erzählte Doktor Wipp und die Angehörigen der Toten bestätigen es, das war bis zum Abend des betreffenden Sterbetages zu sehen.

Nach Frumentius verbirgt sich hinter solchen Erscheinungen aus der anderen Welt, die uns Lebenden zumeist unheimlich erscheinen mögen, immer die inständige Bitte um ein unterstützendes Gebet, also um Sterbehilfe.
Frumentius weist zudem darauf hin, dass sich oftmals die Seele des Sterbenden nicht vom Körper trennen kann. Dann ist es ratsam, die Hand zu fassen und zu sagen: Du musst dich jetzt lösen von deinem Körper. Du kommst ins Jenseits und wirst einen Führer finden.

EINE SEELE HUCKEPACK

Über einen in der betreffenden Gegend bekannten Pfarrer, es ist der Pfarrer Alois Maaß (1805–1846) aus Fließ in Tirol ist die folgende Geschichte überliefert.

Der genannte Geistliche hatte große Übung im Erkennen von Spukwesen, also umherirrenden, unerlösten Seelen. Einen dieser Geister soll er gar in die Pontlatzer-Brücke verbannt haben. Sein Wirken wird und wurde mit den wüstesten Erzählungen »garniert«. So muss ihm auch einmal eine Frau erschienen sein, die war ganz in Feuer gehüllt, wie ein brennender Stock.

Folgendes also geschah. Eines Abends ging in dieser naturschroffen, felsigen Gegend ein Mann mit Namen Franz nach dem kleinen Orte Fließ, um einen so genannten Heimgarten (das ist ein geselliges Beisammensein am Abend) zu besuchen.

Als er, um dorthin zu kommen, über die Bergschlucht musste, die man Tobel nannte, und dabei eine abenteuerlich hoch diese Schlucht überspannende Brücke überquerte, da hatte er das Gefühl, es springe ihn etwas von hinten an!

In dem Moment wurde ihm so unglaublich schwer auf dem Rücken, als hätte er urplötzlich ein zentnerschweres Gewicht aufgeladen.

Trotz der kräftigen Statur, die diesem Manne gegeben war, schien ihn das Gewicht in die Knie zu zwingen.

Hastig sah Franz zu, dass er wieder festen Boden unter den Füßen gewann, denn er hatte Angst, die Brücke könnte unter der enormen Last zusammenbrechen.

Das alles war keine Einbildung: Nicht nur spürte Franz die Last, sondern auch einen eisig kalten Hauch im Rücken. Und das sichere Gefühl, als würde ihm der Lebensnerv abgeschnitten.

Ihn erfasste das Grauen des Todes!

Franz eilte weiter, verzweifelt und heftig zu seinem Herrgott betend, bis der schmale Gebirgspfad ihn zu einem Kreuz führte, einen bekannten und mit Wundergeschichten umrankten alten Holzkreuz, zu dem in dieser Gegend öfters Wallfahrten veranstaltet wurden.

Genau an jener Stelle, an der ein Heiland hing, verließ ihn die böse Macht. Das Gewicht war urplötzlich weg, nichts saß mehr niederdrückend auf seinem Buckel, das innige Stoßgebet zu Gott war erhört worden.

Am nächsten Tage lag er allerdings krank darnieder. Seine Mutter begab sich zum Ortspfarrer Maaß, der sie darüber aufklärte, wie schlimm und gefährlich diese Begegnung gewesen sei.

»Du hättest nicht später zu mir kommen dürfen«, erklärte er streng der bestürzten Frau, »denn sonst wäre es für seelenrettende Handlungen für deinen Sohn zu spät gewesen!«

Diese führte er nun aus. Nach einigen Wochen genas Franz. Den betreffenden Weg über die Schlucht hat er jedoch nie wieder benutzt.

Dass Verstorbene, die einem Verbrechen zum Opfer gefallen sind, dort umgehen, wo ihre Überreste begraben sind oder heimlich verscharrt wurden, ist eine altbekannte Tatsache. Verstorbene müssen häufig auch für ihre Sünden dort büßen, wo sie gesündigt haben. Frumentius spricht in dem Zusammenhang von ortsgebundenen Seelen.

Gefährlich ist es, solche Orte zur falschen Zeit zu queren. Auch Richtstätten, also Plätze, auf denen Verbrecher getötet wurden, können der Ort ihrer Buße sein.

Das »Rote Kreuz« weiß um die Verderblichkeit von Richtstätten, benutzt alte Pläne und vermeidet es geflissentlich, auf einer ehemaligen Henkersstätte ein Krankenhaus zu errichten.

GROSSMÜTTER
UND ARME SEELEN

Einen tiefen Eindruck machte auf Pater Frumentius, was seine beiden Großmütter in früher Jugend erzählten. Dies trug sich zu in den Kriegsjahren 1914 bis 1917.

Diese fast achtzigjährigen Frauen wussten aus ihrer Jugendzeit merkwürdige Dinge zu berichten. Als Kinder war es ihre Aufgabe gewesen, das Vieh zu hüten. Das war ungefähr im Jahr 1850. Damals war es in dieser Gegend Oberschwabens, südlich von Ulm, Brauch, Kühe auch nachts auf den Weideplätzen zu lassen. Logischerweise blieben dann die Hütekinder beim Vieh. Folgendes hat sich dabei ereignet: Bei einfallender Dämmerung, nach dem Gebetläuten also, machten es sich die beiden Mädchen Josefa und Maria für die Nacht gemütlich. Sie hüllten sich fest in ihre Decken und betrachteten die Sterne, ab und zu sagte noch eine von beiden ein leises Wort.

Doch plötzlich waren sie nicht mehr allein. Mehrere Personen standen bei ihnen, die sich als arme Seelen ausgaben. Und man konnte diese Wesen sehen und spüren, auch mit ihnen sprechen, man konnte sie jedoch nicht anfassen.

Trotz des »Spuks« betonten die Hüterkinder später immer wieder: Die Gestalten seien voller Friede und überhaupt nicht zum Fürchten gewesen.

Die Mädchen redeten während der gesamten Nacht mit den armen Seelen, behaupteten jedoch später, sich an nichts Genaues erinnern zu können.

Vom morgendlichen Gebetläuten an, also genau zur Zeit der Dämmerung, blieben die armen Seelen dann wieder verschwunden.

Bei solchen Ereignissen handelt es sich nicht um Halluzinationen, sondern tatsächlich um Seelen aus der Welt der Verstorbenen und Geister. Die Frage ist nur, ob beispielsweise im Fall der obigen Geschichte die Seelen tatsächlich arme Seelen sind oder Dämonen. Pater Frumentius meint, es seien gewiss keine Geister des Lichtes gewesen, wenn sie an das Gebetläuten gebunden waren und auch nur nachts auftauchen durften.

Vielleicht, wenn man eine Hypothese aufstellen darf, waren es abgeschiedene Seelen, verstorbene Menschen also, die sich noch in einem Zwischenzustand oder in einem Zwischenreich befanden; wie vorn schon in der Geschichte von Don Bosco erwähnt.

BRUDER ROMANUS BETET
SICH INS TOTENREICH

Der Benediktinerfrater Romanus war in hohem
Maße medial veranlagt. Die Jahre der Mitte seines Lebens fielen in die bewegten zwanziger
Jahre dieses Jahrhunderts und nicht nur einmal
in der Woche »nervte« der hellsichtige Mönch
seine Mitbrüder mit Ankündigungen dessen, was
komme.

Sei es, dass er ihnen so sehr auf die Nerven fiel,
weil das, was er sagte, zumeist eintraf (was nicht
immer angenehm war), sei es, dass er vielen unheimlich war, immer öfter bekam er zu hören:
»Lass mich doch in Ruhe!«

Er fuhr allerdings unbeirrbar fort zu prophezeien:
»Wisst ihr, dass morgen seltsamer Besuch kommt?
Wollt ihr wissen, wer?«

»Gib endlich Ruhe.«

Nicht jeder will unbedingt hören, was morgen sein
wird. Sogar der Prior hatte ihn einmal deswegen
streng ermahnt.

Nun betete Romanus intensiv und oft zu den armen Seelen und durch seine Offenheit für die
Jenseitsbereiche gelangte er, eben über das heftige

Beten, mit diesen Wesen oder Wesenheiten aus der anderen Welt in Kontakt.

Dann kam der 8. Dezember 1925.

Nach dem Frühstück belästigte Bruder Romanus in gewohnter Weise seine Mitbrüder: »Heute Nacht ist in Berlin Pater Konstantin Jochmann gestorben.«

»Hör doch auf mit deinen schwarzmalerischen Bildern«, erwiderten mehrere Mitbrüder ärgerlich.

Doch kurz darauf folgte der präzisen Voraussage die offizielle Bestätigung: Jochmann war tot.

Was den Vorfall so interessant macht, ist die Tatsache, dass Bruder Romanus beim besten Willen nicht darüber Bescheid gewusst haben konnte, dass der achtundvierzigjährige Pater Konstantin Jochmann gesund von Dillingen nach Berlin gefahren war, sich alsdann auf der Fahrt schwer erkältet hatte und daraufhin, vollkommen überraschend, gestorben war.

Bruder Romanus hatte nun »Pluspunkte«, man glaubte ihm; doch wegen dieser Glaubwürdigkeit waren seine ungefragten Visionen für Mitbrüder noch ärgerlicher als zuvor!

Frumentius weist auf das erste Hochgebet hin: »Wir bitten Dich: Führe sie und alle, die in Christus entschlafen sind, in das Land der Verheißung, des Lichts und des Friedens…«

So interessant und hoffnungsbergend die Geschichten um arme Seelen gewesen sein mögen – der Kontakt ist in jedem Fall riskant. Man lässt sich wirklich auf Kräfte ein, denen kein Irdischer gewachsen ist.

Neun leere Särge

In Zürich-Enge musste im Jahre 1927 der Friedhof wegen der Verlegung des Bahnhofes geräumt werden. Nun huben die üblichen Arbeiten an, Bagger wurden aufgefahren, Arbeiter bevölkerten die Szene, im Wesentlichen herrschte bei alledem eher die Atmosphäre angestrengter Emsigkeit denn Schaurigkeit.

Der eine oder andere Sarg wurde zutage gefördert – reine Routine. Man bettete die Gebeine dann stilvoll und unter Beachtung der Würden, die einem Toten zustehen, um in das neuere Grab.

Doch als ein ziemlich gut erhaltener Sarg sich als vollkommen leer erwies, erschraken alle Anwesenden mehr, als sie über einen zähnestarrenden Toten erschrecken hätten können!

Doch nicht nur das: Im Zuge der Arbeiten erwiesen sich immer mehr Särge als leer!

Josef Morf, der alles aus der Nähe mitbekommen hatte, berichtete: »Von vierzig Särgen waren neun absolut leer, die anderen wiesen, wie es zu erwarten war, vollständige Skelette auf.«

Es gilt als absolut erwiesen, dass die »leeren« Särge bei der Beerdigung noch Tote beinhaltet hatten. Das

Abhandenkommen der irdischen oder eben erdgebundenen Körper muss also während der Zeit »in
der Erde« vonstatten gegangen sein!

*Gewiss ist, dass mit dem Tod noch lange nicht
alles aus ist. – Welches Geschick die Seele je nach
Verdienst oder Missverdienst erwartet, lehrt der
christliche Glaube und die Tradition samt Erfahrungen.*
*Nur selten lüftet sich das Geheimnis, was denn
dem Leib im Grab geschieht beziehungsweise geschehen kann.*
*Wichtig ist für uns: Der Mensch darf niemals den
Blick für die andere Welt aus den Augen verlieren.
Jeden Tag kann er sich um sein eigenes Heil küm-
mern und der Glaube an den auferstandenen Christus hilft ihm dabei.*
*Im persönlichen Gespräch wies Pater Frumentius
mehrmals auf diese Geschichte und ihren Ernst
hin: Er ist überzeugt, dass die Wegführung der Körper einen sehr hohen Grad von Verdammnis (die
sich sogar materiell manifestiert!) zeitigen kann.*

IM KOMA AUF DER BETTKANTE

Das Kreiskrankenhaus Murnau liegt besonders idyllisch, die Stadt Murnau wiederum ist am wunderbar in die Landschaft geschmiegten Staffelsee gelegen; wer dort die Insel Wörth einmal besucht hat und die geheimnisvollen Reste von verborgenen und ängstlich geheim gehaltenen Ausgrabungen eines sagenumflorten Benediktinerklosters aus uralter Zeit gesehen hat, der weiß wirklich, was ein magischer Ort ist!

Eben in dies Kreiskrankenhaus Murnau wurde Pater Frumentius gerufen: Anfang der sechziger Jahre geschah das. Er möge so schnell wie nur möglich kommen. Die Zimmernummer laute 23. Zusammen mit einer Heils-Charismatikerin, so teilte man ihm mit, solle er dort ein Krankenzimmer aufsuchen, in dem ein Sterbender lag.

Bei dem zu besuchenden Todgeweihten handelte es sich um einen deutschen Schriftsteller von Rang, der mit Pater Frumentius befreundet war. Am nächsten Morgen fuhr der wackere Pater mit dem Frühzug nach Murnau und begab sich, wohl ziemlich unbemerkt vom Hauspersonal, zu dem Sterbenskranken.

Er war auf einiges gefasst, denn den Schilderungen des Dienst tuenden Arztes nach musste Frumentius froh sein, wenn er den Sterbenden wenigstens noch bei Bewusstsein erreichte, trösten und ihm vielleicht die Beichte abnehmen konnte.

Zimmer 23.

Da saß der Kranke quietschfidel auf der Bettkante und freute sich offensichtlich über den Besuch des Freundes.

Er schlug vor, einen Spaziergang zu machen, legte erst jedoch die Beichte ab und ließ sich mit den Sterbesakramenten versehen.

Bei all dem hatte Frumentius den Eindruck, dass der Mann mit fröhlicher, ironischer, aber nicht herablassender Distanz dies alles geschehen ließ. Eher war es eine heitere, sich in alles Irdische und Überirdische fügende Gelassenheit, ein Darüberstehen, Geschehenlassen.

Frumentius holte dann das Allernötigste aus der Hauskapelle, um ihm auch noch die Kommunion zu geben.

Dem Vorschlag, sich niederzulegen, widersprach der Patient jedoch und blieb auch noch wie ein Vögelchen auf der Bettkante sitzen, als Pater Frumentius sich verabschiedete.

Kurze Zeit später starb er.

Frumentius war nach der Begegnung im Krankenzimmer so sehr erstaunt – »Sollte das ein Sterbender gewesen sein?« –, dass er den Chefarzt aufsuchte. Er kannte ihn ja gut.

»Haben Sie noch mit ihm reden können?«, fragte der angesehene Doktor besorgt. »Der arme Kerl liegt seit gestern im Koma!«

»Wie bitte?«

Kann sich ein erfahrener Arzt so täuschen? Was war los mit dem heiteren Sterbenden?

Eine Erklärung fand sich bald: Kurz vor Frumentius war die Charismatikerin im Sterbezimmer gewesen. Frumentius mutmaßt, dass ihre enorme Kraft dem Todgeweihten für kurze Zeit nicht nur Lebensenergie, sondern auch gottselige Fröhlichkeit, Erleichterung, vor allem jedoch Schmerzfreiheit geschenkt hat.

*Der Schutz
der Engel*

Soweit wir offenbarungsgläubig sind, finden wir in der Bibel und anderen religiösen Schriften sehr präzise Aussagen über die Welt der Geister. Die kürzeste, aber zugleich inhaltsreichste Aussage darüber ist zusammengefasst im ersten Satz des nikäischen Glaubensbekenntnisses. Dieser Satz lautet: »Ich glaube an den einen Gott, den Schöpfer des Himmels und der Erde, alles Sichtbaren und Unsichtbaren.«

Damit ist ganz unzweideutig ausgesprochen, dass Gott den Himmel und die Erde geschaffen, dass er alles geschaffen hat, was wir sehen können, aber auch alles, was unsichtbar ist. Dieses Letztgenannte ist die Welt der Geister.

Die Heilige Schrift läßt erkennen, dass es nicht nur eine für uns Menschenkinder unvorstellbare Zahl von Geistwesen gibt (vgl. Dan 7,9 f, Apk 5,11), sondern dass darin Verschiedenheiten und Ordnungen sind.

»Wie ich so hinsah, vernahm ich rings um den Thron, um die Wesen und die Ältesten die Stimme (!) vieler Engel. Ihre Zahl ging in die Tausende und

Abertausende.« So steht es in der Johannes-Offen-
barung.

Die christliche Tradition spricht von neun Chö-
ren der Engel. In der Apokalypse erfahren wir von
deren vielfältigem Wirken.

Ungeheuer groß muss auch die Zahl der gefallenen
Engel sein, die dann zu Dämonen geworden sind,
angefangen bei Luzifer, ihrem Anführer.

»Legion ist mein Name, denn unserer sind viele«,
sagt der Dämon aus einem Besessenen (Mk 5,9).

Wenn schon der sichtbare Kosmos so gewaltig ist
in seiner Vielfalt, in seiner aberwitzigen Größe und
Ausdehnung, wie viel größer in allen Dimensionen
(Raum-, Zeit-, Bewegungs- und Ordnungs-Dimen-
sionen, die wir nicht einmal ahnen) muss wohl die
Welt der Geistwesen sein!

Und was ist nun genau ein Schutzengel? Pater Fru-
mentius sagt: »Von der Menschwerdung bis zur
Himmelfahrt ist das Leben des Fleisch gewordenen
Wortes von der Anbetung und dem Dienst der
Engel umgeben. Von der Kindheit an bis zum Tod
umgeben die Engel mit ihrer Hut und Fürbitte das
Leben des Menschen.«

Der Schutzengel ist also dem Menschen lebenslang
zur Seite gestellt. Und in vielen religiösen Überlie-
ferungen spielen die Engel eine Vermittlerrolle zwischen der Sphäre des Menschen und der Sphäre
Gottes.

Das Leben ist ein Wagnis, das alte Bild aus Kindertagen mit dem Schutzengel, der ein Geschwisterpaar über die gefährliche Brücke begleitet, über einen unbefestigten Steg, unter dem der Wildbach tobt, dieses Bild ist gar nicht unzutreffend.

Wir stehen alle oft auf so einer Brücke. Völlig ungesichert. Nur merken wir es nicht.

Und schon hat er eingegriffen, der Engel.

Seien wir dankbar.

Es gibt eine himmlische Sicherheit. Sie hat uns unzählige Male schon beschützt. Sonst wären wir heute gar nicht mehr am Leben!

DER NICHT ABGEFEUERTE TÖDLICHE SCHUSS

Ein weltbekannter Fotograf erzählt die folgende Geschichte: »Es war eine jener feudalen Jagdgesellschaften, zu denen man geladen wird, wenn man *in* ist. Ich hatte Glück. Vieles kam mir vor die Flinte. Ich schoss viel, manchmal traf ich, manchmal auch nicht. Auf jeden Fall verließen viele Kugeln den Lauf…«

Nachdem er das gesagt hatte, war der Mann blass geworden.

»Nun?«

»Als ich einen Hasen direkt vor mir hatte, drückte ich ab, indes, der Schuss löste sich nicht.

Ich vergaß es aber bald und bekam eine Stunde später ein wirklich ideales Stück Wild vor die Flinte: Ich legte an, der Hahn war gespannt, ich berührte den Abzug – warum ich nicht durchdrückte, das weiß ich wirklich nicht.

›Warum schießt du denn nicht?‹, so fragte mein Freund mich, ein erfahrener Jäger, der direkt neben mir stand.

Genau das wusste ich nicht: Was hatte mich gehindert? Beiläufig erzählte ich von dem Schuss, der sich vor knapp einer Stunde nicht gelöst hatte.

Mein Freund untersuchte augenblicklich mein Gewehr: Er wurde weiß wie die Wand. Dann wurde ihm übel.

›Was hast du denn?‹

›Die Kugel steckt im Lauf‹, brachte er hervor, ›hättest du soeben abgedrückt, dann hätte sich die gesamte Energie des Geschosses nach hinten entladen – von deinem Kopf würde jetzt ein Stück fehlen!‹

Als wir wieder klar denken konnten, erklärten die Jäger: Es handle sich um handabgefüllte großkalibrige Patronen. Ich hätte eine erwischt, in die keine Pulverladung gefüllt worden sei, was sehr selten vorkam. Der Schlagbolzen hatte die massive, lange Patrone lediglich in den Lauf geschoben. Hätte ich nun mit der folgenden, intakten Patrone gefeuert…

Nicht auszudenken!

Was hatte mich jedoch am Handeln gehindert? Ich sah doch das Wild, ich wollte abdrücken, tat es nicht.

Da war mir klar: der Schutzengel!«

Oftmals erscheint der Engel materialisiert, in Gestalt eines Helfers. Er kann jedoch auch die Gedanken beeinflussen wie in diesem Fall. Ein Engel handelt im Auftrag Gottes, nicht nach seinen eige-

nen Engel-Richtlinien. Wenn also der Tod eines Menschen von Gott zugelassen wird, dann kann oder will auch der Engel nichts tun. Auf alle Fälle sieht es so aus, als würde Gott unser persönliches Wohl viel, viel öfter wollen, als wir »glauben«...

DER MANN, DER EINMAL NICHT ZU SPÄT KAM

Ein Mann aus Augsburg war von schlimmen Sorgen geplagt. Die gesamte Existenz hing an einem seidenen Faden. Seine berufliche Grundlage und die Grundfesten der über alles geliebten Familie waren im Laufe der letzten Jahre brüchig geworden. Der Mann war völlig verzweifelt.

Wer sollte helfen in solcher Not?

Obwohl er nicht gläubig war, begab er sich in eine Kirche. Was ihn in das Gotteshaus gezogen hatte, konnte er später nicht sagen, ein bewusster Entschluss war es jedenfalls nicht.

Die Zeit schien rein zufällig, doch waren viele Menschen im Inneren der Kirche, denn es wurde ein Gottesdienst abgehalten.

Diese voll gedrängte Kirche, in die er sich von hinten durch das Hauptportal hineindrücken musste, verbesserte seine Laune keineswegs.

Schlimmer noch: Hier sank ihm der Lebensmut vollends auf den Nullpunkt.

»Ein Mensch wie ich ist eben überall, wohin er auch kommt, zu spät dran. Selbst das Leben zeigt mir bestenfalls noch die Rücklichter wie ein Zug, der aus dem Bahnhof fährt!«, so dachte er voller Selbstmitleid.

Und er fühlte sich, ganz im wortwörtlichen Sinne, verloren.

In der letzten Bank stand eine Person auf und bot ihm einen Sitzplatz an.

»Oh, nicht nötig...«

»Doch. Setzen Sie sich nur.«

Nach dem Gottesdienst sah er die Person erneut – zufällig, wie man das so nennt. Sie sagte zu ihm: »Kehre heute noch zu deiner Frau zurück. Sie wird dich verstehen.«

Er tat dies, obwohl er wenig Hoffnung hatte, dass seine Frau ihm seinen schweren Fehler, der hier nichts weiter zur Sache tut, verzeihen könnte. Doch wie durch ein Wunder war die Frau zur Versöhnung bereit, sie sprach nicht über Vergangenes: »Wir bekommen alles wieder in den Griff!«, sagte sie nur.

Die Existenz des Mannes war bald ebenso wiederhergestellt wie das Familienleben. Er stand in der Diele, einige Monate nach diesem Gespräch, die kleine Hand seiner dreijährigen Tochter kam neben ihm hoch und war gleich darauf in der seinen, er weinte und fühlte gleichzeitig, dass neue Kraft in seinen Körper strömte.

Die Person aus der letzten Reihe jedoch, die ihm den Platz angeboten und den entscheidenden Ratschlag gegeben hatte, die sah er nie wieder.

Nur manchmal spürt er, dass immer jemand da ist, den er nicht sehen kann – der aber fest zu ihm steht.

»Natürlich gibt es Schutzengel«, sagte Frumentius auf meine Frage und lachte. Und ich hatte den Eindruck, als würde direkt hinter ihm einer stehen – und ebenfalls lachen. Christus selbst spreche (Mt. 26,53) von »mehr als zwölf Legionen von Engeln«, die ihm zu Hilfe eilen würden auf seine Bitte.

HIMMLISCHE HILFE

Marilyn Zirngiebl ist stolz auf ihren amerikanischen Vornamen, sie liebt alles, was amerikanisch ist, und ihren Mann, einen Amerikaner, liebt sie auch.

Eines Abends, so gegen einundzwanzig Uhr, will sie noch schnell in einem Supermarkt in einem Vorort von New York einkaufen, ihr Mann fährt sie hin, sie springt aus dem Wagen, läuft über ein paar Straßen, sucht den Eingang – findet diesen nicht. Eigenartig.

Wie einsam ihr plötzlich die Gegend vorkommt. Sonst waren immer Menschen hier, doch heute...

Es ist ihr gar nicht recht, dass ihr Mann Henry weitergefahren ist, um selbst etwas zu erledigen.

Sie ist mutterseelenallein, steht tatsächlich an der falschen Seite des Gebäudes. Doch so allein ist sie gar nicht.

Da! Drei finstere Gestalten, die auf sie zugehen und sich erst gar keine Mühe geben, die Aggression zu verbergen!

Das Lachen im Gesicht des einen, des Anführers: eine teuflische Fratze, bösartig wie die Hölle selbst.

Dem gemeinen Ausdruck der drei jungen Männer in Lederjacken ist unschwer zu entnehmen, was sie mit der Frau vorhaben.

Ein Albtraum.

»Henry!«, ruft sie in ihrer Verzweiflung, doch der ist bereits einige Kilometer weiter.

Sie fleht den Himmel um Hilfe an.

Der Himmel scheint sie jedoch nicht hören zu wollen. Bleischwer hängen unheildräuende Regenwolken über der Szene.

Schon hat der Anführer sie am Handgelenk gepackt, als ihm sein Lachen plötzlich vergeht. Er muss eine schier unglaubliche Ohrfeige einstecken. Erschrocken lässt er sein Opfer los und sieht einen riesigen Mann neben sich!

Doch weiter kann er nicht denken, denn der Fremde schlägt ihn hart und trocken in die Magengrube. Der Getroffene windet sich, ringt nach Luft, rutscht auf Knien übers Pflaster.

Seine zwei Komplizen haben längst die Flucht ergriffen. Sie sind viel zu feige, um ihrem Vorbild zu helfen.

Der niedergeschlagene Satansbraten kommt langsam wieder auf die Beine und rennt, was seine Beine hergeben.

Marilyn Zirngiebl eilt auf die andere Seite des Gebäudes, von der sie gekommen ist. Laut hallen die Absätze der Stöckelschuhe auf dem kalten und rutschigen Pflaster. Sie erkennt die belebte Straße, da sind auch wieder Menschen, ihr Mann Henry winkt.

Und der Fremde von vorhin?

Jetzt erst fällt es ihr ein. Der große, hünenhafte Mann war lediglich in dem entscheidenden Moment da, als er gebraucht wurde. Er verschwand, ohne eigentlich wegzugehen.

Er »war« einfach weg!

Woher war er gekommen?

Als sich alles in ihr beruhigt, fällt ihr ein, wie inbrünstig sie um Hilfe gebetet hatte.

Gebetet zu einem Himmel, von dem sie glaubte, er sei wolkenverhangen, düster und taub für ihr Anliegen.

Wenn sie die Geschichte erzählt, und das tut sie in den folgenden Jahren oft, dann sagen die Leute automatisch: »Da hast du einen Schutzengel gehabt!«

*Hexen sind
unter uns*

Das Über-Wirkliche ist wirklicher, als wir oft glauben wollen. »Es ist eigentlich unfassbar, dass unsere Gesellschaft taub und blind bleibt gegen Bewegungen und Kräfte, die von hoher Gefährlichkeit sind«, schreibt Pater Frumentius in seinem Buch »Im Kampf gegen Magie und Dämonie«.

Es ist leichter, alles Nicht-Erklärbare ins Reich der Märchen zu verbannen oder als Spinnerei abzutun. Dieses Schicksal teilen vor allem auch die Hexen. Es gibt mehr davon, als der Durchschnittsbürger glauben mag. Hexen sind bestens organisiert – wer sich auf die Suche von magischen Orten begibt, wird viele »Schwitzhütten« (nächtliche Meditationsstätten) im Wald finden. Frumentius: »Das Wirken der Hexen spielt sich tatsächlich nahezu wie im Untergrund der Unkontrollierbarkeit ab, auch heute noch...«

DER GRUSS DER HEXE

Diese Geschichte hat sich in einem schwäbischen Dorf noch vor dem Dritten Reich zugetragen. Damals lag etwas »in der Luft«, Dämonen hatten Hochkonjunktur wie selten.

Der Pfarrer des Dorfes war eifrig, übereifrig gar, und dabei auch sichtlich nervös. Da er dringend einen Urlaub benötigte, bestellte er sich für drei Wochen zur Vertretung aus dem nahe gelegenen Benediktinerkloster einen jungen Pater.

Für den Pater sollte die Vertretung seinerseits Urlaub sein! Urlaub vom Kloster.

Der junge und durchaus hübsche Mann kam an einem Freitag im Pfarrhof an und die ebenso junge, bildschöne Schwester des Pfarrers freute sich.

Denn sie war fromm und eine prima Köchin. Sie hieß Anna.

Nun fragte der jugendliche Pater nach den Zuständen in der Pfarrei. Und er erfuhr, wenngleich hinter vorgehaltener Hand, dass eine Hexe ihr Unwesen treibe!

Dann kam der Tag seiner ersten Predigt.

Als er den Satz aussprach: »Und nun ein Wörtchen

zum Hexenglauben...«, da war die Gemeinde wie elektrisiert. Sogar der Organist eilte zur Chorbrüstung und bückte sich in Richtung Kanzel, damit ihm nur ja kein Wort entgehe.

Gesehen hatte zwar noch niemand eine Hexe, doch das ist ja das Raffinierte an der Magie und dem Wirken der dämonischen Frau. Hätte der Pater sonst öffentlich von ihr geredet, wenn es sie nicht gäbe? Hätte die Gemeinde sonst so »gebannt« die Ohren aufgesperrt?

Der junge Spund im Dienste Gottes wollte sich mit der Hexe »anlegen«. Wer hätte ihm sagen sollen, dass durch sein Denken und entschlossenes Eintreten der »Glaube« an die Hexe verfestigt wurde!

Der Prediger wiederholte seine Hexenpredigten über einige Wochen hinweg. Nichts geschah.

Benediktiner sind klug.

Hexen sind es auch.

Da kam der Tag, da es dem jungen Pater beim Mittagessen plötzlich speiübel wurde.

Hätte er so viel von Hexen gewusst, wie seine Predigten weismachen wollten, dann hätte er die Botschaft wohl verstanden. Hätte er die Fähigkeit der Hellsichtigkeit oder Hellhörigkeit, hätte er vielleicht ein feines Lachen vernommen, aus dem Nirgendwo...

Nun erklärte er der erschrockenen Anna, er werde einen Spaziergang unternehmen und zum Abendessen wieder zurück sein.

So war es denn auch.

Noch vor dem Abendessen machte die gute Anna, einer Intuition folgend, eine Entdeckung: Damals war es Sitte, vor allem in Schwaben, dass der Pfarrer so wie der Lehrer bisweilen etwas von den landwirtschaftlichen Produkten erhielt. Und die Eier, die sie erhalten hatten, waren ohne Zweifel »besprochen«.

»Besprechen« ist eine Art Analogie-Zauber und hat die gegenteilige Wirkung von »Weihen«. Die christliche Weihe ist ja auch ein »Besprechen« von Dingen oder Personen, jedoch mit positiver Intention.

Mein Gott, war dem jungen Mönch schlecht!

Doch ebenso schnell erholte er sich. Es hätte auch viel schlimmer ausgehen können.

Schließlich war es ja nur ein »Gruß«... Ein Gruß der Hexe.

Wie wir schon gehört haben: Hexen sind nicht dumm. Sie können »quer denken« so wie gute Manager heutzutage. Nicht umsonst sind neuzeitliche Hexen in weltumspannenden Logen (Conventen oder Covens) organisiert und sehr oft trifft man sie »ganz oben« (wobei hier nicht der Himmel gemeint ist).

GEWEIHTE SCHWINGUNGEN

Pater Frumentius erzählte mir viele interessante Vorkommnisse, die auf Grund leidenschaftlicher Predigten gegen Hexen in einer kleinen schwäbischen Gemeinde zu verzeichnen waren.

So harmlos aneinander gereiht die Geschichten sind, sie liefern für den, der hören kann, eine Menge handfester Information über Hexen und die Art ihres Wirkens.

Es gab da also eine ältere Frau, die der »unguten Gesinnung gegen andere« verdächtigt wurde. An dieser Formulierung sieht man schon, dass den Hexen oft Unrecht getan wird, denn wer unter den nichthexischen Menschen hat oder hätte nicht hin und wieder eine ungute Gesinnung?

Nun denn. Die ältere Frau der obigen Geschichte erregte also Aufsehen, sie tauchte bei vielerlei Gelegenheiten auf, wobei sie selten erwünscht war. Und sie behauptete, der Kirchenbesuch sei ihr unmöglich, weil sie das Orgelspiel nicht vertrage.

Aber jedermann wusste, dass die Frau schwerhörig war.

Wie konnte sie dann das Orgelspiel nicht aushalten?

Die Erklärung liegt in der Analogie der Schwingungen. Da Orgelspiel geweihte Schwingungen hat, konnte die Hexe also doch »hören«: mit dem Herzen, sozusagen.

Vor allem die geweihte Schwingung inmitten eines Gotteshauses war für sie spürbar.

Pater Frumentius hat immer wieder den Eindruck erweckt, als seien ihm die beiden vorangegangenen Geschichten die wichtigsten.

Was gefällt dem Pater an den beiden Hexen-Geschichten so sehr? Frumentius war selbst ein begeisterter Organist. Jahrzehntelang spielte er die Orgel im Kloster von St. Ottilien. Somit weiß er bestens Bescheid über die (sehr reale!) Kraft und Wirkung von Schwingung, also des richtigen Tones am richtigen Ort.

Meine erste Begegnung mit dem Pater hatte übrigens auch das Thema »Hexen« zum Inhalt.

Ich selbst war mit einer solchen – einer sehr netten Hexe, Gynäkologin und Geburtshelferin – viele Jahre befreundet, wollte jedoch (in Liebe!) wieder freikommen.

So leicht wird man eine echte Hexe nicht los!

Davon erzählt die folgende Geschichte.

DIE HEXE XENIA

Xenia sieht nicht wie eine typische Hexe aus. Das
ist typisch für Hexen. Paradox, aber wahr.

Sie erzählte Pater Frumentius die folgende Geschichte.

»Xenia haben meine Eltern mich gleich nach der
Geburt genannt. Der Name ist keineswegs zufällig.
Mein Vater und meine Mutter sind beide Griechen
und zudem ist die gesamte Familie seit Generationen
ausgesprochen spirituell veranlagt. – Übrigens, ich
schlafe stets im Schlafanzug meines verstorbenen
Großvaters und ruhe mit Vorliebe mit meinem Kopf
auf dem Kissen, das des Sterbenden Haupt trug.«

»Ist das nicht unheimlich?«, fragte der Pater zurück.

»Ganz im Gegenteil. Ich fühle mich dann außerordentlich geborgen!«

Und sie lacht: »Es ist, als ob Großvater mich in die
Arme nähme…«

Dann wird es jedoch ernst. Man spürt, dass sie
etwas loswerden will: »Eine Freundin hat mich
schwer beleidigt. Vielleicht hat sie das alles gar
nicht so böse gemeint, doch in mir keimte die böse

Schlingpflanze der Rache. Nun hatte ich einen schweren Kampf zu kämpfen. Wusste ich doch, man soll, man muss schwarzmagische Handlungen in jedem Falle vermeiden. Alles kommt dreifach auf einen selbst zurück. Ich wusste es...

Doch der Dämon der Rache besiegte mich.«

Nun begab sich die Hexe Xenia (so erzählte sie es) in den nahen Wald und vollbrachte ein Ritual der Himmelsrichtungen. (Dies ist ein bekanntes Ritual in Hexenkreisen. Nachdem ein magischer Kreis geöffnet ist, werden mit den vier Himmelsrichtungen die vier Elemente Feuer, Wasser, Luft und Erde angerufen.)

Von der verhassten Freundin hatte Xenia sich Flusen des Wollpullovers besorgt, die sie rituell verbrannte. Sie beschwor daraufhin den entsprechenden Dämon, damit dieser dem »angepeilten« jungen Mädchen den Schlaf rauben sollte – für eine ganze Woche!

Würde die schwarze Beschwörung gelingen?

Xenia verbrachte den ersten Abend in einer unguten Mischung aus gespannter Erwartung, Rachegelüsten und Angst. Angst vor einer Rückkoppelung all der bösen Gedanken, die sie ausgeschickt hatte.

Nach zwei Tagen erblickte sie die Freundin auf der Straße. Die Augen rot gerändert, der Gang schleppend und müde.

Am dritten Tage war diese Freundin so mit den Nerven herunter, dass sie Xenia freundlich ansprach. Vorher hätte sie nie das Wort direkt an ihre Rivalin gerichtet.

»Du, es tut mir Leid. Vergib mir.«

»Was soll ich dir vergeben?«, fragte Xenia mit scheinheiliger Unwissenheit.

»Dass ich dich beleidigt habe. Ich kann seitdem keine Sekunde mehr schlafen. Ich weiß nicht, was mit mir los ist, aber ich halte das nicht mehr länger aus.«

»Was?«

»Ich muss in der Nacht pausenlos an dich denken, Xenia, und kann dabei nicht mehr weiterschlafen.«

Xenia lächelte und vergab.

Bald darauf wurde sie krank. Eine elende Schlaflosigkeit plagte sie. Ununterbrochen musste sie an die Freundin denken, die sie verhext hatte.

Bald darauf verfiel sie in ein böses Fieber.

Das war die Zeit, da sie Pater Frumentius begegnete. In vielen Gesprächen konnte er sie von der verheerenden »Rückkoppelung« schwarzmagischer Handlungen überzeugen und sie auf einen anderen Weg bringen: Xenia hat gelernt zu beten.

Mit tatsächlich böse gemeinter Hexerei, mit bösen Wünschen in Verbindung der Anrufung von Dämonen ist nicht zu spaßen. Auch die Psychologie kennt den Effekt. Negative Gedanken kehren zumeist sehr schnell zum Verursacher zurück.

Finger weg von solchen Ideen oder von Leuten, die sich damit beschäftigen.

Eine dämonische Verführung

Es muss wohl im Sommer 1900 gewesen sein, an einem angenehmen, dennoch schwülen Sonntag in der Abenddämmerung. Da sahen junge Burschen, wie ein Mädchen, jung, hübsch und sehr begehrenswert (übrigens war sie eine Näherin), mit federnden Schritten auf ein Haus zuging.

Dort blieb sie stehen und schnallte (sie zog an der Schnur des Klingelzuges). Dann ging sie weiter, ohne zu warten, ob ihr jemand auftat, und ohne selbst die Türe zu öffnen.

Dies Verhalten war indes so ungewöhnlich nicht, denn es handelte sich um eine gewohnte Sitte, wie sich eine Näherin für den nächsten Tag zum Nähen anmeldete.

Keine Frage, dass die jungen Männer die hübsche Frau mit wachsendem Interesse beobachteten. Ihnen ward nun nicht nur von den Sommertemperaturen heiß.

Was hatte die Näherin wohl vor? Sie ging nun, immer diesen wippenden und Begehrlichkeit weckenden Gang beibehaltend, zur Nebenstraße, die sogleich auf der Nordseite zum Krautgarten hin aus dem Dorfe hinausführte.

Was tun Burschen! Ihr nachgehen. Allerdings hielten sie einen nennenswerten Abstand. Irgendwie hatten sie Respekt – wer weiß, warum.

Da! Plötzlich drehte sich das Mädchen um. Ihr Gesicht war jedoch kein Menschengesicht mehr, sondern eine feurige Fratze. Unmittelbar darauf war sie wie vom Erdboden verschwunden.

Die Burschen rannten, so schnell ihre Beine sie tragen konnten. Alles wurde dem Pfarrer berichtet. Der meinte aufatmend, es sei ein großes Glück für die Burschen gewesen, dass zwischen ihnen und der Geistererscheinung dieser gehörige Abstand geherrscht habe.

Und dann sagte der weise Pfarrer zu den schreckensbleichen Helden, sie seien nur knapp dem Tode entgangen.

Die brauchten lange, bis sie wieder hinter einem schönen Mädchen herliefen. Selbst in schwülen Sommer- und lauen Frühlingsnächten!

Im Leben der Heiligen finden sich ähnliche Vorkommnisse. Nicht umsonst hat der heilige Benedikt bei der Aufnahme der Gäste in seiner Regel (Kap. 53) angeordnet, zur Begrüßung dürfe der Friedenskuss erst nach vorausgegangenem Gebet gegeben werden »wegen der Täuschungen des Teufels«. Dabei folgte der Heilige gewiss einer bewährten Tradition seiner Zeit. Übrigens ist die Warnung im weiteren Sinn zu verstehen, dass der Ankömmling nicht unbedingt ein Dämon zu sein brauchte. Er konnte als belasteter Mensch Dämonisches wie Krankheitsbazillen mit einschleppen, was das Gebet verhüten sollte.

Die unsichtbare Welt, auch die der bösen Mächte, ist uns viel näher, als wir gemeinhin glauben möchten.

Gottlob sind es jedoch nicht nur böse Mächte, die so nah bei uns sind. Vergessen wir nicht, dass wir einen Schutzengel haben. Der tut sich bei seiner Arbeit jedoch viel leichter, wenn wir an ihn glauben und ihn immer wieder beim Namen nennen.

Das geweihte Öl

»Sie haben selbst Kontakt mit einer Zauberin«, sagte Frumentius.

Er hatte Recht, doch ich hatte noch kein Sterbenswörtchen gesagt! Woher wusste er…?

»Hat Ihnen jemand davon erzählt?«

»Nein«, sagte er und lachte. »Ich weiß es eben.«

»Ist das gefährlich?«

»Es ist gefährlich!«, meinte er streng. »Sie sollen sich mit anderen Kräften beschäftigen.«

Und er gab mir ein Fläschchen mit geweihtem Öl.

Ich trug es heim und stellte es in meine Küche.

Als die Hexe erschien (sie kam immer unangemeldet, hatte Kuchen dabei und war unglaublich attraktiv mit ihren unendlich langen, seidigen Haaren, die den gesamten Rücken bedeckten), starrte sie auf das Fläschchen. Wirklich wie »gebannt«.

Ich sagte nichts über die Herkunft.

Unser inniger Kontakt zerbrach in diesem Augenblick, ohne ein böses Wort, ohne Verletzung, Abgrenzung, ohne »Sich-über-den-anderen-Erheben«.

Es war eine Trennung in Liebe.

Ich weiß, es geht ihr sehr gut. Nur in der Walpurgisnacht, der Nacht zum ersten Mai, rumort etwas über meiner Dachterrasse: der Gruß der Hexe…

Die Anrufung
der Geister

Spiritismus ist, wie die Zauberei und die Magie, besonders gefährlich, da all diese Spielarten der »Kontaktaufnahme« den Menschen in direkte Verbindung mit den finsteren Mächten bringen!

Das Spiel mit finsteren Mächten war bereits im Altertum sehr verbreitet (Totenbeschwörung oder Totenbefragung). Eine neue Blüte erlebte der Spiritismus Mitte des neunzehnten Jahrhunderts, von Amerika ausgehend. Er verquickt sich inzwischen mit vielen »Techniken«, gibt sich einen pseudowissenschaftlichen Anstrich, wobei moderner Spiritismus den biblischen Glauben geschickt durch so genanntes Wissen, das experimentell unterlegbar scheint, ersetzen will.

Immer erfolgt dabei der Verkehr verstorbener Geister mit lebenden Menschen durch besondere Medien, also empfängliche Mittelspersonen. Diese sind auf ihre Begabung zum Teil stolz, viele leiden jedoch darunter und werden ausgenützt.

Die gängigen Spielarten des Spiritismus: Tischerücken, Klopfzeichen an der Wand, Gläserrücken, Schreibmedien aller Art, Hellhören, Hellsehen...

Und eine wahre Flut moderner technischer Kontaktmöglichkeiten, um die Illusion von Wissenschaftlichkeit »herbeizuzaubern« (Tonbandgeräte, Filmtechnik, Computer und Ähnliches).
Emil Kremer schreibt in »Geöffnete Augen«: »Hinter all diesen angeblichen Geistern von Verstorbenen verstellen sich (nach eigenem Zugeständnis von Spiritisten) meistens nur böse Geister, Dämonen, Fürstentümer und Gewalten der Finsternis.«

Die Macht der bösen Wünsche

Frau Roswitha Schmitt aus Augsburg hatte einen für sie außerordentlich wichtigen Termin vereinbart. Sie musste dazu nach München fahren. Da sich dies alles in der Nachkriegszeit zutrug, zu einer Zeit, in der in Deutschland noch alles im Aufbau begriffen war, so stand für Frau Schmitt kein Wagen zur Verfügung. Sie musste erst die Trambahn und dann den Zug nehmen.

Also stand sie früh schon auf, ordnete ihre Sachen und ihre Gedanken, zog ein korrektes Kostüm an, begab sich aus der Wohnung und bestieg bald darauf die Trambahn Richtung Augsburger Hauptbahnhof.

Hier, etwas entspannt auf einer hölzernen Sitzreihe, wurde ihr plötzlich klar, wie zuwider ihr der Münchner Termin war, trotz seiner geschäftlichen Wichtigkeit!

Sie konnte weder die Sache leiden, um die es ging, noch hatte sie Lust, in Richtung der Alpenkette zu fahren; am allerwenigsten aber lag ihr der dortige Ansprechpartner, Herr Felix Funk, den sie als eingebildeten Wichtigtuer und eitlen Gecken kannte.

Seine Art zu reden und zu verhandeln signalisierten immerzu seine krankhafte Selbstliebe – außerdem war der Mann Frauen gegenüber herablassend, arrogant und sehr anzüglich.

»Wenn ich nur nicht nach München müsste«, dachte Roswitha. Und diese Gedanken wurden mit äußerst starken Affekten aufgeladen.

Plötzlich fiel ihr auf, dass die Trambahn schon längere Zeit stand. Längst rückten die frühen Fahrgäste auf den Sitzreihen neugierig hin und her. Der Fahrer war indes ausgestiegen, prüfend und ratlos um das Fahrzeug geschritten und hatte, soweit das möglich war, die Oberleitung kontrolliert. Dann unterhielt er sich angestrengt mit dem Fahrer des hinter ihm wartenden Trambahnzuges. Denn längst schon blockierte das liegen gebliebene Fahrzeug die nachrückenden.

Erst nach ziemlich langer Zeit gelang es, die betreffende Trambahn wieder flott zu bekommen.

Bis Frau Schmitt am Hauptbahnhof anlangte, war ihr Zug längst abgefahren.

Sie gestand es sich nie ganz ein, doch da sie öfters schon solche Erlebnisse gehabt hatte und insgeheim um ihre enormen magischen Kräfte wusste, sagte sie niemanden etwas. Erst viel, viel später erwähnte sie den Vorfall, zusammen mit ähnlichen, Pater Frumentius gegenüber.

Sehr zu Recht hatte sie ein schlechtes Gefühl bei der Sache, schließlich waren es keine Gebete zu

Gott, die den »Zufall« des fehlenden Stromes ausgelöst hatten.

Vielmehr lag der Grund für das Ereignis in ihrer starken mentalen Begabung, einer Veranlagung, die sich im Laufe ihres Lebens noch um ein Vielfaches verstärkte, sie hatte nämlich »ungute Geister« auf den Plan gerufen!

Viel zu wenig beachtet der Mensch im Alltag, wie sehr die Dämonen samt den unerlösten, so genannten »erdgebundenen« Geistern auf den Menschen einwirken. Am augenfälligsten geschieht das in der Anfechtung, in der bekannten Versuchung, die immer von Dämonen ausgeht. Wie stark und raffiniert die Winkelzüge von Dämonen sind, zeigt der Vorfall mit der Trambahn: Wie viele Zeitgenossen erklären ein derartiges, dem negativen Wollen zuzuschreibendes Ereignis mit eigenen Kräften, bestenfalls schieben sie es auf den Zufall. Dämonen sind schlau und deshalb (zunächst!) oft hilfreich.

Dann gibt es noch den höheren Grad der Einwirkung, die Infestation. Dabei wird der Mensch in seinen geistigen Aktionen, in seinem Wollen und Tun regelrecht behindert. Im schlimmsten Fall lähmt der Dämon die Gehirntätigkeit. Vorsicht also schon im Vorfeld.

DAS WUNDER DER SYMPATHIEHEILUNG

Es ist noch gar nicht so lange her. Auf der Autobahn Richtung Stuttgart hatte sich einer der leider so häufigen schweren Unfälle ereignet. Eine schlimme Szenerie: demolierte Autos, Feuerwehr, Notarzt, Verletzte.

Ein Mann liegt mit ausgerissenem Arm neben der Fahrbahn. Neben ihm stehen zwei Ärzte. Beide wissen sich angesichts der schweren Blutung nicht zu helfen. Es gelingt ihnen nicht, den enormen Blutstrom zu stillen.

Der Mann liegt inzwischen im Sterben. Jetzt kommt auch ein Priester hinzu, der mit dem Handy gerufen worden ist.

Dieser Priester erinnert sich nun angesichts des Verblutenden an folgende Szene in seinem Leben: Vor Jahren wollte er einen Schäfer wegen dessen Sympathiekuren tadeln. Dann erzählte dieser ihm jedoch, dass er sie hauptsächlich zum Blutstillen verwende, und erklärte dem Priester, wie er dies anstellte.

Beim Anblick des sterbenden Mannes konnte der Priester sich plötzlich genau an alles erinnern. Genau jetzt.

Da überlegt er nicht lange.

Er umfasst in äußerster Not, sogar noch auf Zureden der beiden hilflosen Ärzte, mit beiden Händen beherzt die blutende offene Armhöhle des schwer Verletzten.

Dann spricht er dreimal laut vor und lässt dabei den Patienten dreimal nachsprechen: »Glückselige Stunde, glückselige Wunde, glückseliger Tag, da Jesus Christus geboren war. Im Namen des Vaters, des Sohnes und des Heiligen Geistes Amen.«

In dem Moment hört das Blut des Mannes auf zu strömen. Alle Kunst der Ärzte war vergeblich, das Sympathiemittel hatte geholfen.

Die so genannten Abbeter, die Sympathiekuren ausführen, können ihre Kunst nur dann zustande bringen, wenn sie ein ganz bestimmtes Gebet oder ein Sprüchlein hersagen. Auf das Aus-Sprechen kommt es an.

Viele Abbeter sind spezialisiert: Blutstillen, Hilfe bei Verbrennungen, das Beseitigen von Warzen...

Trotz des okkulten Hintergrundes der Abbeterei meint Frumentius, dass eine Person, die in einem Notfall die Möglichkeit der Hilfeleistung sieht, sie jedoch nicht einsetzt, sich einer schwer zu verantwortenden Unterlassung schuldig macht.

Es mag sein, dass manche Menschen gleich den magnetischen Kräften in sich außerordentliche

Fähigkeiten und Energien haben, die noch im Bereich natürlicher Talente und Gaben liegen. Werden diese jedoch von Leuten ausgeübt, die durch die Kirche mit Christus verbunden sind, dann dürfte man weniger Bedenken haben.

Alle Macht zu heilen erhalten wir von unserem Herrn. Unser Machtwort heißt: »Im Namen Jesu.«

Vom Dämon besessen

Frau Rosalie Effner hat an diesem Freitagabend beschlossen, Dinge zu tun, die ihr selbst Angst machen.

Eine unbesiegbare Neugier treibt sie, nötigt sie. Rosalie kann einfach nicht anders. Sie hat heute Abend vor, etwas sehr Gefährliches auszuprobieren, wovor sie alle Bekannten und Verwandten immerzu eindringlich warnten.

Deshalb sitzt sie auch ganz allein in dem abgedunkelten Wohnzimmer. Die Standuhr lässt ihr schweres Gangwerk vernehmen, ein beschwörendes Geräusch, das fast schon hundert Jahre in dieser Stube zu hören ist. Das Licht bleibt ausgeschaltet. Nur ein Kandelaber mit neun Kerzen brennt. Die Flämmchen flackern unruhig, zeugen von einer inneren Unruhe, die nichts Gutes verheißt. Sogar die beste Freundin Rosalies, Amelie, sonst durchaus für Gläserrücken und ähnliche gefährliche und fragwürdige Spielchen aufgelegt, hatte am Nachmittag gesagt: »Du, das ist mir einfach zu viel. Probiere das selbst aus.«

Für Rosalie ist es jedoch wie eine Sucht. Sie weiß, dass das, was sie vorhat, funktionieren wird. Und

eben weil »etwas geschieht«, muss sie es auch er-
proben. An mögliche Folgen denkt sie nicht. Will
sie gar nicht denken.

Ihr Verhalten ist wie das eines Spielers. Reiner Fa-
talismus. Sie kann nicht anders.

Vor ihr steht ein Tonbandgerät, ein sehr modernes
und gutes sogar. Sie hat sich alle Funktionen von
ihrem Sohn Eugen erklären lassen.

Rosalie drückt auf die rote Taste, dann spricht
sie in das sorgfältig vor ihr aufgestellte Mikrofon:
»Freunde, wir grüßen euch. Habt ihr für uns eine
Botschaft?«

Dreimal wiederholt sie diese eindringliche Anrufung.

Sie weiß, dass nun Geduld angesagt ist. Etwa zehn,
fünfzehn Minuten geschieht gar nichts. Sie wiederholt ihre Grußformel. Wieder fünfzehn Minuten
Grabesstille. Nur das leise Brummen des laufenden
Aufnahmegerätes. Die Uhr schlägt elf.

Dann! Eindeutig!

Ein Kratzen, eine dunkle Stimme, die sich so an-
hört, wie wenn man bei einem alten Radio mit
Müh und Not einen schlecht zu empfangenden
Sender hereinbekommt. Und doch anders: Diese
Stimme hat etwas Suggestives, Beschwörendes. Sie
klingt verärgert, zugleich magisch, bannend... Vor
allem klingt sie nicht wie das Organ eines Menschen, obwohl die Struktur menschlicher Sprache
deutlich erkennbar ist.

Rosalie erfasst das kalte Grauen, ihr Herz rast, sie will all dem, was da geschieht, Einhalt gebieten, dazu hat sie jedoch nicht den Hauch einer Chance.

Wie in einem Albtraum muss sie still sitzen bleiben.

Die Stimme erteilt ihr nun Befehle, Dinge zu tun, zumeist sinnlose Handlungen, die Rosalies Mitmenschen und Familienmitglieder später als »manisch«, »zwanghaft« abtun werden.

Rosalie ist gebannt. Sie schläft kaum mehr. Sie ersehnt den nächsten Abend. Wartet, bis alle im Bett sind. Dann die gleiche Prozedur.

Die achtundsechzigjährige Frau wird in zunehmendem Maße süchtig und, im wörtlichen Sinne, fremdgesteuert. Obwohl der Dämon ihr schadet, erfleht sie seine Schein-Hilfe. Sie klammert sich an den Stein, der im tiefsten Wasser versinkt, anstatt an das oben treibende Rettungsfloß zu denken: Gott, Jesus, Maria, ihr Schutzengel...

Und wie der Stein, so geht auch Rosalie unter. Sie verliert den Verstand. Schließlich wird es so schlimm mit ihr, dass ihr Leben zu schwinden droht.

Der Dämon erreicht sie nun längst auch ohne Tonband. Sie hat ihm mit der Anrufung willig das Tor geöffnet, jetzt ist er da.

Mitleid kennen Dämonen nie.

Der Dämon spricht in ihrem Kopf, er quält sie, fordert sie mit Nachdruck auf, sich umzubringen!

Längst hat er Gesellschaft der übelsten Art mitgebracht. Mehrere Geister drangsalieren die Frau, stechen mit Messern auf sie ein, immer auf den Kopf zu. Sie sieht die Geister, andere Familienmitglieder sehen all jene Manifestationen des Bösen nicht, doch diese Quälgeister schlagen die Frau erbärmlich. Sie ist sichtbar grün und blau, hat mehrere Blutergüsse.

Rosalie wehrt sich, indem sie ein Kopfkissen an ihre Stirn presst. Die Umwelt hält diese Frau und ihr Gehabe längst für wahnsinnig. Der Doktor weiß kein Mittel. Der Ortspfarrer schlägt die Hände über dem Kopf zusammen. Die Verzweiflung der gepeinigten Person steigt ins Unermessliche.

Rosalie weiß nicht mehr ein noch aus, ihre Seele droht ins Bodenlose zu stürzen, ein freier Fall hinab in den tiefsten Höllenschlund. Erst jetzt ist sie fähig, einen Fachmann zu rufen beziehungsweise rufen zu lassen. Ihr ist alles recht, wirklich alles. Diese echte Demut wird für sie das Tor zum Licht.

Ihre Familie verständigt in der Nacht, in der Rosalie zusammenbricht und nur noch wimmert und sich gegen heftige Schläge von allen Seiten wehrt, Pater Frumentius.

»Meine Mutter fühlt sich gedrängt, sich umzubringen. Wir wissen nicht mehr ein noch aus!«, so klagt Rosalies ältester Sohn. »Dürfen wir kommen?«

»Morgen früh, acht Uhr.«

Überpünktlich erscheint die gesamte Familie in einem großen Personenwagen vor dem Kloster St. Ottilien.

Der Sohn stützt seine Mutter, die in halbwegs guter körperlicher Verfassung zu sein scheint.

Aber die Seele! Die ist weg. Zunächst jedenfalls.

Für einen Außenstehenden wirkt Rosalie sehr gehemmt, ausgesprochen zurückgenommen, vielleicht etwas ängstlich. Ansonsten nicht besonders auffällig.

Doch der erfahrene Pater sieht sogleich, was los ist. Und er weiß, wie er ihr helfen kann.

Später berichtet er: Nachdem Rosalie ihre Geschichte in großen Umrissen erzählt hatte, versichert sie, dass sie, obwohl evangelisch, stets den Rosenkranz bete.

Genau hier konnte der weise Pater dann eine Disposition für die Segnung erkennen. Alles wurde schließlich gut.

Rosalie hatte in diesem Falle wirklich Glück im Unglück! Denn während der Segnungen erfuhr sie, dass »etwas durch und durch Befreiendes« durch ihren Körper und ihre Seele hindurchgefahren sei, »von oben bis unten!«.

Die Stimmen hätten gesagt: »Jetzt müssen wir für kurze Zeit hinaus.«

Später vereinbarte man neue Termine. Rosalie brauchte lediglich noch den Ehemann zur Begleitung. Später schaffte sie es allein mit der S-Bahn. Sie gesundete vollständig.

Vor medialer Tätigkeit, egal in welcher Form, ist immer nur zu warnen! – »Denn wer solches tut, der ist dem Herrn ein Gräuel!« – An diese Stelle aus dem Alten Testament (5 Mose 18, 9–12) kann in solchen Zusammenhängen nicht oft genug erinnert werden:

Gott spricht: »Wenn du in das Land kommst, das dir der Herr, dein Gott gegeben, so sollst du nicht lernen tun die Gräuel dieser Völker, dass nicht jemand unter dir gefunden werde, der seinen Sohn oder seine Tochter durchs Feuer gehen lasse (...) oder ein Zauberer oder Beschwörer (...) oder der die Toten frage...«

DIE KUH,
DIE NICHT ZU MELKEN WAR

In einem Dorfe im Hessischen geschah in den siebziger Jahren, einer Zeit also, die sich betont aufgeklärt, antikirchlich und in allen Glaubensdingen betont distanziert gab, folgender Fall von bekundeter Zauberei.

Es war ein schwüler Nachmittag, die Kinder hatten im Hof herumgetollt, waren über und über voller Schmutz, jedoch bester Laune. Und vor allen Dingen durstig. Die siebenjährige Eva ging deshalb ins Haus in die Stube, um die Mutter um ein frisches Glas Milch zu bitten. Diese erhob sich wortlos, um das Getränk zu holen, besann sich dann jedoch eines anderen – die Gründe hierfür sind nicht nachvollziehbar.

Was dann jedoch geschah, wird die kleine Eva nie im Leben vergessen. Die Mutter änderte plötzlich in unerklärlicher Weise ihre gesamte Erscheinung. Zwar blieb sie äußerlich als Person ganz mit der vertrauten Mutter identisch – allein, es schien sich dennoch um einen völlig anderen Menschen zu handeln!

Nun nahm die Verwandelte zwei Gabeln, wer

weiß, woher sie diese hatte, und rammte das Essbesteck in den Türstock der Stube, gleich links neben der Klinke. Sodann schlug sie ein Handtuch darüber…

Wenngleich diese Handlungen ungewöhnlich sind, scheinen sie weder spektakulär noch erschreckend: Und doch, so berichtete Eva später immer wieder, erfasste sie beim Zusehen dieser Zeremonie ein Grauen des Todes.

Wie kalt es auch plötzlich im Zimmer war!

Nun nannte die Mutter den Namen einer bestimmten Kuh im Dorfe, einer prächtigen Kuh, die auch das Kind kannte, sodass Eva ebenfalls an das betreffende Tier dachte.

Und dann… Unmöglich, aber wahr!

Dann begann die Mutter das Tuch zu melken!

Heraus rann frische, kühle Milch.

Wiewohl das Kind von Grauen erfüllt war und ihm die Sache alles andere als geheuer erschien, hatte es auch Durst. Die Mutter überreichte ihm den Becher liebevoll und zugleich fordernd.

Eva trank ihn leer.

Am nächsten Tag hörte man aufgeregte Gespräche, dass die betreffende Kuh am Abend beim Melken bereits leer gemolken gewesen sei!

Hier sind wir zweifellos mitten in einen Fall von handfestem »Pakt« hineingeraten.

Sind jene Fälle schon schlimm genug, da ein Dä-

122

mon in den Menschen eindringen und bis in den innersten Kern seiner Persönlichkeit vordringen kann, so geht es hier um ein willentliches Sicheinlassen der betreffenden Person: Unterschätzen wir niemals Magie, egal in welcher Form, auch nicht in ihren kleinsten Anfängen!

Nun die Definition der oben beschriebenen magischen Handlung: Es handelt sich eindeutig um ein Tun im Sinne des Analogiezaubers, typisch für böse Mächte ist auch der spontan eintretende Erfolg.

Wer ist fähig, eine solche magische Aktion mit Erfolg durchzuführen? Jedermann, der sich dem Teufel verschrieben hat.

Der verzauberte Webstuhl

Im Herbst des Jahres 1938 betrat Herr Oskar Wolkenstein, der Inhaber einer kleinen Handweberei,
die ziemlich genau in der Mitte Deutschlands gelegen war, die Werkstatt seines kleinen, aber feinen
Einmannbetriebes. Er hatte die einfache Mahlzeit
beendet und sich für den Rest des Tages von seiner
Frau verabschiedet. Sein Geschäft und sein Beruf
waren durchaus nicht zum Reichwerden, doch es
reichte für ihn und die kleine Familie.
Oskar setzte die Mechanik des Webstuhles in Gang,
blickte versonnen durch den Vorhang unzählig
straff gespannter Fäden...
Da bemerkte er etwas, was in seiner Werkstatt
selten vorkam: Ein Faden nach dem anderen
riss ab.
Wie mühsam war es, diese Fäden einzeln wieder zu-
sammenzuknüpfen, um weiterarbeiten zu können!
Wie viel Arbeitszeit ging ihm da verloren!
Doch blieb ihm schließlich nichts anderes übrig.
Er knüpfte und knotete, was ihn sehr viel Zeit kos-
tete.
Müde beendete er sein Tagewerk, das für ihn und

die emsigen Helfer nur aus Schadensbegrenzung bestanden hatte. Morgen war ein neuer Tag!

Unruhig hatte Oskar Wolkenstein geschlafen und trotzdem war er sehr froh, den Schaden noch am Vortag gerichtet zu haben. Wie war es möglich gewesen, dass so viele Fäden ohne ersichtlichen Grund an einem einzigen Tag abgerissen waren?

»Nun, nicht immerzu zu viel über alles nachdenken«, ermahnte er sich. Oskar galt als bodenständig und einen Hang zum Spintisieren konnte ihm bestimmt keiner nachsagen.

Mit derlei Gedanken im Kopf, vor allem jedoch mit der wackeren Einstellung des Tüchtigen, der jeden Tag munter anpackt, schloss er die Werkstatt auf: Alles war am Abend zuvor sorgfältig von ihm selbst verschlossen worden, kein Einwirken von außen möglich. Nur er allein besaß auch den Schlüssel.

Schon der erste Blick auf den Webstuhl offenbarte ihm jedoch eine schiere Katastrophe: Was gestern geknüpft worden war, es hing heute zerrissen am Webrahmen. Menschen konnten das in diesem Falle unmöglich gewesen sein.

Oskar wusste in dem Moment, und dies trotz seiner Bodenständigkeit, dass hier nichts anderes als ein bitterböser Dämon hauste, wenn nicht gar Legionen böser Geister mit im Spiel waren.

Kurz nach dieser Entdeckung kam er mit seiner Frau zu Pater Frumentius nach St. Ottilien, mit der dringenden und demütigen Bitte, er möge die betreffende Werkstatt aussegnen.

Frumentius nahm die Reise gerne auf sich und suchte also persönlich den Raum auf, in dem der Webstuhl stand. Nun wurde alles, vor allem das Webgerät, benediziert.

Am nächsten Morgen erschienen der Pater sowie Herr und Frau Wolkenstein zusammen in der Werkstatt.

Aber, o weh: Fast alle aufgespannten Fäden zerrissen, alles zerstört wie zuvor.

Frumentius kannte dies Spiel der bösen Mächte und gab noch lange nicht auf.

Er holte sogar Unterstützung aus dem Kloster: Ein Helfer half, zusätzlich zu benedizieren.

So ging es denn eine ganze Woche lang.

Dann machte sich allerdings eine gewisse seelische Lähmung breit, sogar bei den wackeren Benediktinern.

Was war nur los? Warum war die Ursache dieser Schädigung nicht in den Griff zu bekommen?

Wieder wurde alles geflickt. Die Stimmung bei Wolkenstein war auf dem Nullpunkt. So viele Arbeit umsonst! Dann kam der siebenjährige Enkel des Webers in die Werkstatt und rief: »Schau doch, Opa, alle Fäden sind ab!«

Und, kaum hatte er es gesagt, riss ein Faden nach dem anderen. Wütend warf Oskar Wolkenstein den armen Kerl aus der Werkstatt.

Nun hatte man jedoch des Rätsels Lösung: Der kleine Enkel war der Verursacher des Unheils. Sicher, ohne dass er dieses wollte oder auch nur geahnt hätte. Es galt also für alle Betroffenen, hier »anzugreifen«.

Man brachte den Enkel Wilhelm zu den Benediktinern. Diese sprachen mit Würde über ihn einen Segen, und siehe da: Alles wurde gut.

War in diesem Fall das siebenjährige Kind also der Verursacher, besser gesagt, der Überträger der Magie?

Es ist anzunehmen. – Daraus lässt sich in etwa folgern, dass »es« sich wie eine ansteckende Krankheit verhalten kann: Ein Unbeteiligter, mehr noch, ein unschuldiges Kind überträgt die »Keime«, die in diesem Falle natürlich geistiger Natur sind. Sogar Frumentius und seine Patres gaben in dem betreffenden Falle zu: »Es war für uns eine Lehre. Einen solchen Zusammenhang hatten wir nicht vermutet...«

Nochmals: Magie ist keineswegs harmlos, auch wenn sie sich bisweilen spielerisch zu tarnen vermag.

DER VERWANDTE AUS DEM ZWISCHENREICH

Während des Zweiten Weltkrieges saßen in einer kärglichen Wohnstube in der Gegend des Ammersees die Mitglieder einer mehrköpfigen Familie um den Tisch herum. Alle Beteiligten verharrten dort in äußerster Konzentration und blickten angestrengt, die Köpfe vorgebeugt, Schultern hochgezogen, auf das, was auf dem groben hölzernen Tisch vor sich ging. Jeder Eintretende hätte sofort die enorme Spannung spüren können, die da im Raum lag.

Tatsächlich geschah auch Ungeheuerliches. Die Familienmitglieder hatten sich in ihrer Vorgehensweise vollkommen dem verschrieben, was landläufig als Okkultismus oder, noch treffender, als schwarze Magie bekannt ist: Man benutzte nämlich Planchetten, um von einem Dämon Auskunft zu erlangen über das eigene künftige Schicksal und das der Familie.

Eine Planchette ist eine magische Schreibtafel, auf der durch bestimmte Zeichen der Dämon angerufen wird – der sich oftmals zeigt.

Befand man sich doch in den letzten Tagen des

schrecklichen Weltkriegs und hätte nur allzu gerne Auskunft erlangt über den Verbleib naher Angehöriger. Vor allem wollte man jedoch wissen, wie lange der »Spuk« dieses entsetzlichen Krieges noch andauern würde.

Wer anfangs die Idee zu diesem gefährlichen Spiel hatte, lässt sich nicht genau klären. Vater Huber war ein braver und gläubiger Christ, der vor solchem Unfug immer gewarnt hätte, die drei Kinder, Max, Emanuel und Christa, gingen regelmäßig zur Kirche und wussten eigentlich sehr wohl, dass man sich an Christus zu halten hat, an Gottvater, an den Heiligen Geist und allenfalls noch an die Gottesmutter.

Sonst an niemanden.

Und doch hatten sie sich, wie durch negative Eingebung getrieben, vielleicht mögen auch Neugierde und Leichtsinn dabei gewesen sein, auf das gefährliche Planchetten-Befragen eingelassen.

Wehte nicht urplötzlich ein kalter Wind durch den Raum? Warum sagte keiner mehr ein Wort?

Dann erschien tatsächlich der Geist.

Ist das nicht...?

Tatsächlich! Ein verstorbener Bekannter der Familie!

In der Tat hatte sich auf die magische Anrufung hin ein Wesen gemeldet, das jedes Mitglied der Familie nur allzu gut kannte und dessen Tod unlängst zu bedauern gewesen war.

Nicht nur das, der Verstorbene nannte auch sogleich seinen Vornamen.

»Ich bin Melchior!«

Starr vor Schreck und weiß im Gesicht saßen die Familienmitglieder um den Tisch, auf dem die unglückseligen Planchetten lagen, und obwohl sich alle vier willentlich auf den Kontakt zum Jenseits eingelassen hatten: Diese plötzliche und sehr handfeste Manifestation eines Geistes überstieg bei weitem die mentalen Kräfte aller.

Sie saßen einfach nur da, gelähmt, starr, wie gebannt.

Später erst konnten sie erzählen, was vorgefallen sei, die Beteiligten hatten alles in Erinnerung wie einen Film, den sie gemeinsam anschauen mussten. So erinnerten sie sich auch ganz genau, dass der Verwandte in Gestus und Gehabe, auch in der Art, zu sprechen und zu lachen, »ganz der Alte« geblieben war.

Allerdings sagte der Gerufene dann etwas Erstaunliches und Wohlwollendes: »Was tut ihr da, um Himmels willen! Ihr sollt Planchetten nur benutzen, wenn eure Mutter zugegen ist.«

Keiner wagte zu fragen, warum.

Da gab er die Antwort selbst: »Sie lebt mit der Kirche verbunden, viel mehr noch als ihr alle!«

Da hatte der erschienene Verwandte mit Namen Melchior allerdings Recht.

Die Familienmitglieder saßen immer noch schreckensstarr, zu keiner Anrede an ihn fähig. Da erklärte er weiter: »Nur in Gegenwart der Mutter dürft ihr solche Dinge tun, sie lebt ganz in Gott, in Christus und in der Kirche, andernfalls können sich die bösesten Geister bei diesem Spiel einschleichen.«

Und, nachdem der Geist, der in diesem Falle ein guter war, sie gewarnt hatte vor bösartigen Dämonen, die bei okkulten Tätigkeiten ein Einfallstor finden, wenn sie auch noch so harmlos und gesellschaftsfähig erscheinen, verschwand er.

Für immer.

Es ist hier anzunehmen, dass jener unlängst verstorbene Bekannte der »nächsterreichbare« Geist war. Er konnte sich also, nach der beschriebenen Anrufung durch die Planchetten, früher als andere Zwischenwesen der betreffenden Familie zeigen. Das mag wohl auch mit den geistigen Banden zusammenhängen, die ihn mit eben dieser Familie verbanden.

Pater Frumentius mutmaßt, dass es sich hierbei um einen »Geist im Zwischenreich« gehandelt haben mag.

In jenem Zwischenreiche befinden sich viele unerlöste, unglückliche Seelen verschiedenster Qualität und Gesinnung. Da diese Geister gerne in den menschlichen Lebensraum eindringen, stellen sie eine ausgesprochen große Gefahr dar.

Deshalb warnt die Kirche und warnen Experten verschiedenster Couleur eindringlichst davor, mit solchen Wesen Kontakt zu suchen und aufzunehmen!

Nachtrag in eigener Sache

Es war ein Dienstagabend, der 28. März 2000. Ich
schrieb an dem vorangegangenen Text.
Mir war dabei nicht ganz klar, wie man den Begriff
Planchette am besten erklären sollte: »Eine Spiel-
art der Kontaktaufnahme mit dem Totenreich…«,
dachte ich.
Dann notierte ich auf einen Zettel: »Nachfragen!
Bei Gelegenheit Frumentius besuchen und den Begriff eindeutig klären.«
Das war um 22.02 Uhr.
Da läutete das Telefon.
»Grüß Gott!«, sagt Pater Frumentius mit der für
ihn typischen Stimme, der immer ein Lächeln
aus irgendeiner ganz anderen Welt innewohnt, »wo
brennt's denn?«
»Na, das ist gut…«, gebe ich verdutzt zurück, »ich
habe eben in diesem Moment an Sie gedacht, ich
wollte wissen…«
»…was Planchetten sind, nicht wahr?«
Wieder das liebe Lachen in der Stimme des Paters.
Dann erklärte er mir die magischen Bretter und lud

mich für den darauf folgenden Samstag zu sich ein nach St. Ottilien.

»Wie haben Sie gewusst, Pater, dass ich an Sie dachte und was ich im Moment wissen wollte?«, fragte ich ihn.

Da meinte er mit dem für ihn typischen Unterton: »Hab es halt gewusst.«

Im Kontakt
mit der
Zwischenwelt

Gibt es tatsächlich Wesen, Wesenhei-
ten, die an sich unsichtbar und die mit den Kräften und Fähigkeiten des Geistes ausgestattet sind?
Also Geistwesen, die unabhängig vom Raum existieren, die auch von der Zeit unabhängig sind,
die vielleicht jedoch, mit ungeheuren Kräften versehen, in unsere Welt hineingreifen können. Wenn
ja, von welcher Art sind sie und was können wir
darüber wissen?

Dass der Mensch beim leiblichen Tod nicht ins
Nichts versinkt, dass also sein Geist, seine Seele
weiterleben, darüber sind sich praktisch alle Kul-
turvölker einig. Auch die so genannten Naturvöl-
ker wissen vom Fortleben der Ahnen und deren
Verbundenheit mit den auf der Erde lebenden Menschen. Daher die Ahnenopfer und bei den Völkern
der alten Welt die Grabbeigaben. Das Wissen um
das Fortleben des Menschen ist unausrottbar im
Menschen verankert.

Ist es nicht eine Ironie des Schicksals, dass die
Physik jüngst den Beweis erbracht hat, dass die
Elementarteilchen, also die Grundbestandteile der

Materie, nur einen Bruchteil einer Millionstel-
sekunde existieren und ständig neu besetzt werden
durch eine Neuschöpfung!

Schöpfung und Neuschöpfung aber können nur das
Werk Gottes sein.

Wenn jeder Mensch eine Seele, einen Geist hat, der
nicht stirbt, dann existieren Milliarden von abge-
schiedenen Seelen. Substantiae separatae nannte
sie die Hochscholastik. Getrennte, vom Körper ge-
trennte Wesenheiten. Und die Zahl der Abgeschie-
denen wächst mit jedem Todesfall, sie wächst
also von Tag zu Tag; jährlich wächst sie um viele,
viele Millionen. Eine ganze Schar ist es, eine ganze
Welt ...

Pater Frumentius legt allerdings den allergrößten
Wert auf die Feststellung, dass diese Gruppe der Ab-
geschiedenen teilbar ist: jene, die bei Gott sind, und
jene, die auf dem Weg der Vollendung noch befind-
lich bleiben, also im Zustand der Reinigung.

Dann jedoch die traurige dritte Gruppe, die gewal-
tige Zahl derer, die ewig in der Gottesferne zu sein
haben: die Verdammten.

Es ist ungeheuer wenig, was wir über die Vorgänge
im Jenseits wissen. Zu denken geben können uns
gewisse Einzelheiten der Offenbarung, zum Bei-
spiel die Tatsache, dass die Gerechten vor der Er-
lösungstat Christi nicht in den Himmel eingehen
konnten.

Vielmehr mussten sie in die so genannte Vorhölle,

um dort in einem Wartezustand auf die Vollendung des Heiles zu warten.

An dieser Stelle sei auch an eine heute etwas vergessene theologische Lehre verwiesen, nämlich dass Kinder, die vor dem Vernunftgebrauch ohne Taufe sterben, nicht in den Himmel kommen können, sondern im so genannten limbus puerorum (dem »Kinderparadies«), an einem ganz besonderen Ort also, in den Zustand einer natürlichen Glückseligkeit versetzt werden.

Alles in allem lässt sich hierzu sagen, dass es im Jenseits zeitlich begrenzte Zustandsmöglichkeiten und Ordnungen gibt, von denen wir Lebenden uns überhaupt keine Vorstellungen machen können.

Noch interessanter ist jedoch, dass durchaus die Möglichkeit eingeräumt wird, wie abgeschiedene Seelen mit den Menschen auf Erden Kontakt aufnehmen können, mehr noch: dass sie solchen Kontakt geradezu suchen!

Aus solcher Sicht fällt nun auch ein ganz anderes Licht auf die »bösen Geister«, die, wie es heißt, »in der Welt umherschweifen, um die Seelen zu verderben«. Was übrigens geoffenbarte Glaubenswahrheit ist.

DER SPUK IM SCHWESTERNHAUS

Frumentius berichtet, dass er selbst öfters in Kontakt mit handfestem Spuk gekommen sei! Das war im »Schwesternhaus« seiner Heimat im Schwäbischen, wo er während der Schulferien der Unter- und Oberprima regelmäßig aufhielt.

Das Haus lag gut fünfzig Meter von seinem Elternhaus entfernt. Es war gerade vor 1914 gebaut worden, als Pfründhaus eines Bauern und Wirtes aus der Filiale Amstetten. Dieses Haus ist heute noch wie damals anzuschauen und hat zwei Stockwerke. Bewohnt wurde es von dem Altbauern mit seiner Frau Magdalena sowie einer ledigen Tochter Theresia. Alle drei starben bei Kriegsende in kurzem zeitlichen Abstand.

Im oberen Stockwerk lebten zwei Ordensschwestern. Beide arbeiteten, neben ihrem sehr gewissenhaften Ordensleben, als Pflegeschwestern. Die eine tat Dienst am Mitmenschen mit Kindern, die andere mit Kranken.

Dann, im Jahre 1926, richtete die Gemeinde einen Kindergarten ein. Dazu wurde das Haus gekauft und man ließ die notwendigen baulichen Veränderungen durchführen. Dabei blieb der erste Stock unverändert.

Dazu muss man wissen, dass in diesem etwas düsteren Stockwerk oben, da, wo die beiden Schwestern wohnten, es noch nie mit rechten Dingen zugegangen ist. Dann, am Karsamstag des Jahres 1927, geschah jedoch vollkommen Ungewöhnliches.

Während der Auferstehungsfeier ging der Förster, der den beiden Schwestern ein lieber und gern gesehener Nachbar war, aus dem Wald nach Hause.

Mit stiller Wehmut sah er nach oben, da ihn jede der frommen Frauen, wenn sie seiner ansichtig wurde, stets so nett zu grüßen pflegte.

Doch was war das heute? Er hörte sehr deutlich, wie im oberen Stockwerk Stühle gerückt und Tische verschoben wurden. Sehr ungewohnte Geräusche!

Konnten das die Schwestern selbst sein, die so einen Höllenlärm machten! Nein, gewiss nicht, denn um diese Zeit waren sie sicherlich im Gottesdienst.

Nach und nach merkten auch andere Leute, dass im Schwesternhaus etwas »los war«. Nur was?

Die Sache nahm immer merkwürdigere Formen an. Eines Tages fiel krachend dort oben ein Holzstoß um. Jedermann wusste: Die Schwestern hatten gar kein Holz in der Wohnung. Da ward es bald Gewissheit: In jenem mysteriösen Stockwerk trieben Wesenheiten, die nicht von unserer Welt der Lebenden waren, ihr Spiel – und das nicht zu gering!

Nicht jeder leidet unter Spukerscheinungen, fühlt sich verfolgt oder geht gar daran zugrunde. Zu zweit kamen die beiden Schwestern ganz gut mit der Spuksituation zurecht.

Doch dann nahm alles eine unerwartete Wendung: Als nämlich die eine der Schwestern ins Kloster zu den Exerzitien ging, da betete die Zurückgebliebene, dass die Magdalena sich ruhig verhalten solle! Warum dies? Die feinfühligen und vermutlich spiritistisch nicht unbedarften Schwestern hatten herausgefunden (aber sicherlich nur mit Gottes Hilfe), dass der Unruhegeist den Namen Magdalena trage.

Wenn man erst den Namen von einer Erscheinung hat, dann ist alles andere gar nicht mehr so schwer. Vor allem böse Geister behalten ihre Macht nur, solange sie ihren zumeist mit Magie behafteten Namen verbergen können. Das zieht sich vom Rumpelstilzchen der Märchenwelt bis zu den Gewaltherrschaftsformen der Gegenwart: Jeder ist bemüht, die »Namensnennung« zu verbergen.

Diese Magdalena im oberen Stockwerk des Schwesternhauses indes war nicht böse. Durch gezielten Exorzismus und Hausweihe, die durch kundige Priester vorgenommen wurden, zog sie sich zurück, vermutlich in eine Welt des Friedens und der Ruhe, wonach sie so lange hatte suchen müssen.

Frumentius endet mit den Worten: »Hier handelt es

sich um eine Seele, die Hilfe sucht. Erst wenn sie solche findet, gibt sie Ruhe.«

Sie möge ruhen in Frieden.

War es nicht früher in christlichen Häusern Brauch, dass täglich für die Verstorbenen gebetet wurde? Dadurch bekundeten die Nachfahren ihre Verbundenheit mit den früheren Generationen. Das tägliche Fürbittgebet war jedoch auch das, was die Verstorbenen erwarteten und erwarten durften. Damit hatten sie zugleich die Möglichkeit, den Lebenden wirksame Hilfe zu leisten. Viele Flüche, wie sie auf zahlreichen Familien liegen, könnten damit ebenso erklärt werden, wie die unerklärlichen Fehlverhaltensformen einiger Familienmitglieder, die eben »besetzt« sind von anderweltlichen Wesen. Es ginge wohl in vielen Familien heutzutage besser zu, würde man den Kontakt »mit drüben« pflegen.

Man müsste nur wissen, wie man sich in Fällen eines Ausnahmespuks verhalten sollte! Früher, da wurde geraten, den Spukgeist einfach zu fragen, was er denn wolle. Das habe manchmal die Wirkung gehabt, dass der Spuk irgendwann tatsächlich sein Ende fand. In einem solchen Falle war stets anzunehmen, dass es sich um eine Seele gehandelt habe, die sich mit ihrer Todessituation noch nicht zurechtgefunden hatte und die dann, auf die Frage oder Anrede hin, zur Besinnung kam.

BILDER FALLEN
VON DEN WÄNDEN

Eine sehr gebildete, welterfahrene Dame berichtete aus ihrer Nachbarschaft. In dem betreffenden Hause gab es recht liebenswerte Mitbewohner, mit denen, solange sie lebten, ein menschliches, warmes und angenehmes Auskommen war.

Nun starben diese guten Nachbarn. Und in die Trauer der Hinterbliebenen mischten sich sehr eigenartige Beobachtungen: Fielen da nicht, genau zum Zeitpunkt des Todes, Bilder von den Wänden! Woher kamen die Scherben, die auf einmal herumlagen? Was sollte dieser Höllenlärm!

Und, eines Nachts... Da war dann der Lärm schier unerträglich. Ein Stampfen, Poltern, Rasseln, Krachen!

Dann lautes Splittern von Glas, begleitet vom ohrenbetäubenden Geräusch zerberstender Holzteile!

Wieder hatte sich ein Bild vom Wandhaken gelöst und war auf dem Parkettboden in tausend Teile zersprungen. Einfach grauenhaft.

Wer konnte diesen Krach veranstalten, mitten in der Nacht?

Die neuen Nachbarn? Unmöglich. Denn bei den neu Hinzugezogenen handelte es sich um ein stilles und äußerst zurückgezogen lebendes Ehepaar, das erst jüngst, nach der Besichtigung der neuen Wohnung, sofort die »ruhige Lage« lobend erwähnt hatte. Also war das alles Spuk.

Da die Dame, die alles gehört und aufmerksam beobachtet hatte, gebildet war und, wie viele vornehme ältere Damen, für Zwischenwesen ein sehr feines Gespür hatte, erkannte sie gleich: Diese Poltergespenster suchen und erwarten Hilfe.

Sogleich wurde eine Messe bestellt. Eine katholische Messe für Poltergeister. Die Dame, wie gesagt, war welterfahren genug, um sich nicht von Poltergespenstern beeindrucken zu lassen.

Vom Tage der Seelenmesse an war Ruhe.

Sage da einer, dass es nicht Dinge gibt zwischen Himmel und Erde, die wirken, obwohl sie dem Auge und Verstand unsichtbar bleiben.

Die feine Dame, um die es in dieser Erzählung geht, schloss ihren Bericht über all dies Absonderliche mit den Worten: »Seitdem weiß ich um die außerordentliche Bedeutung einer Messe.«

Frumentius rät: »Beten, beten, beten.«

GEISTER-TOURISMUS IM
FRÜHMESSHOLZ

Diese Geschichte wird auf die Zeit kurz vor dem
Zweiten Weltkrieg datiert. Es fällt auf, dass in
diese Zeitspanne viele Spukgeschichten fallen. Pater Frumentius sagt nicht zu Unrecht, man möge
das vereinnahmende Tun und die Allgegenwart
solcher Dämonen-Manifestationen niemals unterschätzen.

Ein Wald, der Frühmessholz genannt wird, erstreckt
sich an seiner Schmalseite ungefähr fünfhundert
Meter in West-Ost-Richtung, in seiner Längsaus-
dehnung ungefähr eineinhalb Kilometer nach Nor-
den.

Mitten durch das Gehölz hindurch führt ein recht
schöner Waldweg. Und auf diesem hatte die Beziehung des Menschen zu den Geistern aber eine Be-
sonderheit: Denn an Sonntagen kamen viele Leute
her, um den seltsamen Erscheinungen aus dem un-
erforschlichen Zwischenreich zu begegnen. Ein re-
gelrechter Geister-Tourismus!

Wie sahen sie aus, die Erscheinungen im Frühmessholz? Wie Menschenwesen, die in grellen Farben
gekleidet waren. Manchmal hat eine der Geister-

gestalten die andere regelrecht vor das Publikum geschleppt, so zumindest die Aussagen der Augenzeugen.

Während des bald einsetzenden Weltkrieges erlosch die Sache für immer.

Schade.

Die Manifestationen aus der so ganz anderen Welt wurden von vielerlei Menschen einheitlich beschrieben.

Doch nicht nur das. Es darf angenommen werden, dass sich in diesem Falle die Geister gerne gezeigt haben und über die »menschlichen« Besuche froh waren.

Geister sind auch nur Menschen! Selten bleiben jedoch solche Fälle von humorvollen Gespenstern! Und: Der Schein kann trügen.

EIN GEHEIMNISVOLLES WÄGELCHEN FÄHRT VOR

Fräulein Adelheid, gestorben 1936, die Schwester und Haushälterin des Pfarrers Karl Zöpfl, der von 1911 bis 1930 lebte, erzählte dem Pater Frumentius ganz im Vertrauen die folgende schauerliche Geschichte von einem Geist, der zu nachtschlafender Zeit umtriebig war:

Nachts fuhr ein Bannerwägelchen (das war ein einfaches Reisegefährt, kleiner als die Chaise) vor dem Pfarrhause vor.

Dann hörte Adelheid, wie jemand ausstieg, von der Straße her den Aufgang zum Pfarrhaus ansteuerte und mit wuchtigen, trampelnden, schweren Schritten die Stufen bis zur Tür emporschritt und dann stehen blieb.

Um diese späte Zeit, da alle schliefen! Wer mochte das sein? Die Pfarrersschwester erschauderte in ihrem kleinen Zimmer, das mit dem Fenster direkt zur Straße hinausging. Ohne Licht anzumachen verließ sie das schützende Bett, schlich auf Zehenspitzen zum Fenster und schob den Vorhang beiseite.

Ein riesengroßer Mann! Der stand einfach nur da,

hatte ein grauenhaftes, Angst einflößendes Äußeres und rührte sich nicht.

Schreckensstarr stand Adelheid hinter der Fensterscheibe. Ein Albtraum das alles – oder Realität? Da stand ein Riese und läutete nicht. Was wollte er?

Nun nahm sie doch allen Mut zusammen und rief laut: »Wenn Ihr nicht läutet, mache ich nicht auf.«

Doch zu ihrem Erstaunen blieb es ruhig und dann, augenblicklich, war der Spuk zu Ende.

Diese Geschichte hat eine Erklärung: Der frühere Pfarrer dieses Pfarrhofes, Karl Müller (1870–1902), war während seiner Amtszeit mit Versehgängen sehr säumig. Deshalb musste er nun umhergehen. Lieber Leser, sprich leise ein Gebet für ihn, damit er die ewige Ruhe finden darf.

Die Botschaft aus einer anderen Welt

In einem Ferngespräch aus dem Allgäu, das einem spontanen Hilferuf gleichkam, wurde Frumentius im Jahre 1983 gebeten, so schnell wie möglich einzugreifen und einen Rat zu erteilen. Immerhin handelte es sich bei der Angelegenheit um einen Fall von ausgeprägter Medialität (das bedeutet: Hellsichtigkeit, oftmals auch die Fähigkeit, mit Toten in Kontakt zu treten).

Damals kam zur Familie Ebrich in Memmingen zu später Stunde ein Verwandter zu Besuch. Was wollte der? Um diese Uhrzeit? Wo der Mann doch seit Jahren nichts mehr von sich hatte hören lassen!

Nun gut, man bat ihn herein und bewirtete ihn. Das Allgäu ist bekannt für seine Gastfreundschaft. Da klopft keiner umsonst an einer Tür.

Allein, der seltsame Gast wollte gar nichts essen, er setzte sich stattdessen auf den Diwan im Wohnzimmer. Sein sowieso schon unheimliches Äußeres veränderte sich nun zusehends und gewann eine entsetzliche Steigerung ins Nicht-Lebende und Grauenhafte, derart, dass allen Anwesenden im Wohnzimmer das Blut in den Adern gefror!

Der Mann war gar doch nicht mehr von dieser Welt!

Nun erstarrten seine Gesichtszüge zu Wachs.

Die Familienmitglieder hatten so etwas noch nie gesehen! Sein Gesichtsausdruck bekam zusehends etwas Kaltes und Dämonisches derart – die Umstehenden konnten den Blick nicht abwenden –, dass dies dort auf dem Sofa offensichtlich eine völlig andere Person sein musste als jene, die sich eben noch hingesetzt hatte!

Lange schwieg er, saß da, starr wie ein Toter. Dann, ganz unvermittelt, begann er zu sprechen. Besser gesagt: »es« begann zu sprechen – aus ihm heraus.

»In diesem Haus liegt sieben Meter tief eine Frau«, so begann er mit dunkeltoniger, kehliger Stimme, »deren Seele keine Ruhe findet. In diesem Hause ist der Teufel. Er ist ständig hier. Ihr seht ihn nicht, aber er ist immer da…«

Die Umstehenden wagten nicht einmal mehr zu atmen. Sie sahen nichts, spürten jedoch ganz genau, dass »das Medium« Recht hatte.

Dieses sagte im Moment allerdings gar nichts mehr, sondern rutschte langsam vom Diwan ab, dann sank es zu Boden, wo es eine lange Zeit so liegen blieb.

Dann schien es wieder zu sich zu kommen.

Als der Mann schließlich erneut »bei sich« war, setzte er sich an den Tisch mit den Hausangehörigen. Seine Gesichtszüge waren auch wieder die des

Menschen, den sie bei seiner Ankunft kennen gelernt hatten.

Da saß er also, schien es sich gemütlich zu machen,
auf ein Gespräch zu warten, vielleicht auch auf ein
leckeres Abendessen.

Dann fiel ihm plötzlich auf, dass ihn alle so sonderbar anstarrten! Als er darüber seine Verwunderung
äußerte: »Was habt ihr denn? Ist etwas mit euch?«,
da stellte sich heraus, dass er überhaupt nichts wusste von dem, was er eben noch in Trance ausgesagt
hatte!

So weit der Bericht aus dem Allgäu, an den sich die
Frage nach Verhaltensmaßnahmen anschloss. Denn
die Familienmitglieder taten in dieser Nacht kein
Auge zu. Auch das Medium war äußerst bestürzt,
als es erfahren hatte, was »durch« seinen irdischen
Körper für Kräfte gesprochen hatten. Vor allem ver-
sicherte das Medium immer wieder, es könne sich
lediglich erinnern, spät angekommen zu sein und
sich hingesetzt zu haben mit dem Vorsatz, eine Un-
terhaltung zu führen.

In der darauf folgenden Woche ließ die Familie tatsächlich »nachgraben« und das Haus aussegnen.
Tatsächlich fand man unter den Kellerräumen Kno-
chenreste.

Man bestattete diese, hängte auch im Keller ein
Kreuz auf und nach einiger Zeit fiel den Hausbe-
wohnern auf, dass sie viel besser schlafen konnten
als früher. Alle hatten bald das Gefühl, von einem

Druck befreit zu sein und gesünder und fröhlicher durchs Leben zu gehen.

Eindeutig steht hier fest, dass das Bewusstsein des in Trance Sprechenden ausgeschaltet war. Wer aber hat durch ihn gesprochen?
Durch den Schreck der Beobachter konnten die Gesichtszüge des in Trance Gefallenen nicht mehr genau geschildert werden. Das wäre wichtig gewesen. Analysiert man den Inhalt der Aussage, so war dies eine Mitteilung an die Familie, die offenbar etwas Gutes bezweckte. Die Botschaft sollte wohl Übel verhüten oder paralysieren, war also demnach eine heilsame Botschaft. Diese Mitteilung aus einer anderen Welt kann nur im Frieden Christi, also von einem guten Geist gekommen sein.

DIE NÖTIGUNGEN
DER KOBOLDE

Wieder ist es die Nachkriegszeit, die »schlechten Jahre« nach dem Krieg. Viele Menschen mussten elend hungern und der Familie Frank aus Rosenheim ging es da nicht besser. Was dann allerdings an Plagen auf die Familie zukam, das hat sie genauestens und nachlesbar aufgeschrieben. Denn niemals wird ein Mitglied der Franks jene wirklich gemeinen Nötigungen vergessen können!

Es war einer jener sehr kalten Januartage im Jahre 1946. Die Mutter ging am Morgen, nach einer bitterkalten Raunacht, in die Speisekammer, teils, um die kärglichen Vorräte zu sichten, teils, um über den »Speiseplan« der kommenden Wochen nachzudenken. Sehr viel Auswahl hatte die geplagte Frau nicht, denn die Bestände blieben weit unter dem Allernötigsten. Auch einen Kühlschrank gab es damals noch nicht für solche armen Familien und eine Tiefkühltruhe umso weniger. Das wäre jedoch bei solch grausamen Januartemperaturen gar nicht nötig gewesen!

Doch was für ein Entsetzen für Maria Frank!

Träumte sie dies alles oder war der Albtraum Wirklichkeit: Hier, wo das Kostbarste lagerte, das die Familie in jenen Tagen und Monaten hatte, nämlich wertvolle, mühsam eingeteilte und absolut überlebensnotwendige Grundnahrungsmittel wie Mehl, Eier, Öl, Schmalz, da war alles durcheinander geworfen, verschmiert, sogar mit übel riechenden Exkrementen beschmutzt.

Die Mutter stürzte aus der Speisekammer in die Wohnung. Dort indes saßen drei Kinder zitternd, verstört und weinend beim Vater und erzählten von entsetzlichen Träumen in der Nacht und von der sehr realen Begegnung mit bösartigen Kobolden, Wichteln und Zwergen.

So liebenswert die Bezeichnungen auch klingen mochten, für die Kinder der Familie Frank war die Begegnung mit den kleinwüchsigen Gnomen ein wahrer Horror. Die zwei Mädchen und der Bub waren den ganzen Tag lang seelisch gestört – und in der Nacht ging der Spuk weiter! Viel schlimmer noch, als er begonnen hatte.

Anderntags dieselben horrenden Verwüstungen in der Speisekammer! Alles Aufräumen und mühsame Putzen war umsonst.

Flehentlich suchte die Familie nach Abhilfe.

Erst nach vielen, langen und misslungenen Versuchen konnte endlich an eine Besserung des albtraumartigen Zustandes gedacht werden. Denn monatelang war kein Geistlicher in der Lage gewesen, den Missstand erfolgreich anzugehen.

Dann, im Frühsommer, brachte Pater Stephan Kainz aus Scheyern endlich die ersehnte Hilfe. Das von ihm angewandte Mittel ist auch heute noch bekannt, wenngleich es sehr simpel, sogar naiv klingen mag:
Pater Kainz schickte geweihte Benediktus-Medaillen und segnete aus der Ferne das besessene Areal um das Haus.
Selbst kam er gar nicht in die betreffenden Räume!
Die Familie aber blieb von dem mehr als bösartigen Spuk verschont – für immer. Gott sei Dank.

Hier wird deutlich, dass Fernweihen und Fernsegnungen möglich sind. Spirituelle Kräfte kennen keine Grenzen, weder Raum noch Zeit!
Nach Pater Frumentius gelten als Hauptursachen dämonischen Spuks ein Fluch oder eine Verfluchung, sei es einer Person, sei es eines Ortes. Dabei verhält es sich so: Durch den Fluch bekommt der böse Geist Macht und auch Herrschaftsanspruch, der sich dann an einem Ort oder in einem Haus verfestigen kann. Eine weitere Ursache ist jegliches Verbrechen, eine schwere Sünde wie Mord und anderes. Auch Derartiges gibt dem Dämonischen die Möglichkeit, sich örtlich festzusetzen, und zwar als ständige Quelle des Unsegens und Unheils!

DER DÄMONISCHE SPUK

Diese Geschichte von einem Spukhaus und der schweren Aufgabe, die Geister zu vertreiben, hat sich in der Gegend von Mühldorf zugetragen. Mühldorf und seine nähere Umgebung sind seit Jahrhunderten für paranormale Ereignisse nahezu prädestiniert. Immer wieder ist hier »etwas los«, wie ein Blick in lokale Zeitungen auch heute noch zeigt.

Diese Geschichte trug sich im Jahre 1960 zu.

Etwas außerhalb Mühldorfs, nicht weit von der Bahnlinie, an der übrigens auffallend viele Unfälle und Selbstmorde geschehen, stand ein Haus, das kurz nach der Jahrhundertwende entstanden sein muss. Vor dem Eingang mit der grob verwitterten Tür, die längst ausgebessert und neu angestrichen gehörte, prangte eine uralte Eiche. Keiner wusste, dass dieser Platz seit Urzeiten als Opferstätte galt.

Die Familie Ertl, die in dem Haus wohnte, galt als zurückgezogen, vielleicht auch sonderbar. Seltsame Geschichten um dieses etwas ungepflegte Anwesen machten immer schon die Runde in der Gegend.

Nun fing es jedoch in dem Gemäuer tatsächlich

handfest an zu spuken, derart, dass die Familie sich Hilfe suchend an Pater Frumentius wandte.

Der Senior der Ertl-Familie betrat an einem Freitag gegen neun Uhr abends das Wohnzimmer, um Licht anzumachen.

Da!

Ein harter Gegenstand traf ihn am Kopf und verletzte ihn so, dass er heftig blutete. Es war ein großer Stein, der an seine Schläfe geprallt war und die Platzwunde verursacht hatte, ein faustgroßer und recht grober Brocken. Und jeder in der Familie war sicher: Dieser Stein hatte sich zuvor niemals in dem Zimmer befunden!

Das ging nun ganz gewiss nicht mit rechten Dingen zu. Denn jener Stein konnte durch kein Fenster geworfen worden sein! Alle Fenster waren nämlich geschlossen und keine einzige Scheibe zerbrochen. Also musste eine unheimliche Macht im Spiel sein!

Doch es kam noch schlimmer: Auch andere Gegenstände flogen durch den Raum und trafen Menschen, gottlob ist nichts Schlimmeres passiert, nur Platzwunden und grobe Hautabschürfungen. Dann, am dritten Tag, war unbeschreiblicher Lärm zu hören. Gegenstände im Zimmer wurden plötzlich beschädigt, eingedrückt oder zerkratzt und man wusste ganz sicher, dass keiner der Familienangehörigen es gewesen sein konnte!

Was tun! Die Familie ließ einen Weihbischof kommen (der hier nicht genannt sein soll). Der hatte allerdings vom Benedizieren wenig Ahnung.

Der Dämon siegte und machte sich lustig. Gegen Mitternacht hörte man deutlich, dass die dunkle Macht sich wohl fühlte und herzhaft lachte.

Das Lachen des Teufels.

Die Lage wurde schier unerträglich. Lampen platzten, Vorhänge wehten bei geschlossenen Räumen, Poltern, Klirren, Schreie... und immer wieder fliegende Gegenstände: Bücher, Tassen, Steine.

Die älteste Tochter befand sich inzwischen in psychiatrischer Behandlung.

Das war doch kein Leben mehr! Wer konnte helfen?

Hilfe kam, jedoch ganz anders als erwartet: Urplötzlich fand ein Mann sich ein, der es auf sich nahm, Abhilfe zu schaffen.

Keiner aus der fünfköpfigen Familie hatte diesen seltsamen Heiligen informiert oder gerufen.

Er war einfach da. Eine auffallend groß gewachsene Erscheinung, die stets einen Schlapphut trug. Jener hünenhafte Mann könnte alt und dennoch zeitlos jung genannt werden, dazu war er auffallend schweigsam, jedoch mit jener zwingenden Ausstrahlung: »Ich weiß, wie und wo zu helfen ist.«

Er nahm keinerlei Entlohnung an, nur einen Kaffee ließ er sich geben.

Die Familie vertraute ihm. Vielleicht wären die Ertls unter anderen Umständen zögerlicher gewesen. Doch alle standen durch die abscheulichen Ereignisse der vorausgegangenen sieben Wochen unter Schock. Das sollte sich in diesem Falle auszahlen.

Der eigenartige Fremde begab sich in das Haus. Das war an einem Freitag, so gegen achtzehn Uhr.

Die Familie saß auf dem Sofa und den Holzstühlen, die um den Tisch standen. Keiner wagte, einen Laut von sich zu geben. Dann ging das Spektakel los, unerträglich laut, rasselnd und scheppernd, bis der Lärm zu einem unerträglichen, entsetzlichen Höllencrescendo angeschwollen war.

Der Mann erhob sich.

Er schwieg. Warum? Urplötzlich sagte er dann: »Jetzt kommt er!«

Dazu murmelte er etwas wie ein Gebet. Die Worte sind nicht überliefert. Mehr passierte nicht.

Der Spuk war für immer verschwunden.

Der so genannte dämonische Spuk ist in jedem Falle in seinen ganzen Erscheinungsformen bösartig und ausgesprochen schädigend. Er macht es den Bewohnern unmöglich, sich in einem solchen Haus oder in einer derartigen Wohnung über einen längeren Zeitraum aufzuhalten, ohne schwer Schaden zu nehmen.

HILFE AUS DEM JENSEITS

Wenn es nur das Bier gewesen wäre! Denn, wenn ein Mann zu viel getrunken hat, erlebt er oft Dinge, die das Maß des Normalen durchaus übersteigen mögen.

Doch in diesem Falle kam zum Rausch noch eine handfeste Erscheinung aus dem Jenseits. Und der war es ganz und gar nicht nach Späßen zumute.

Die Geschichte hat sich in Oberkirchberg (heute Illerkirchberg) zugetragen, das neun Kilometer südlich von Ulm gelegen ist. Wir schreiben das Jahr 1920.

Der Bauer war zum Bier gegangen und dann nahm alles seinen immer gleichen Lauf: Er trank, trank zu viel, bestellte weiter, trank weiter – bis spät in die Nacht hinein. Dann war viel Geld weg, viel Unsinn geredet und der Rausch da.

Irgendwann musste er dann doch nach Hause, durch die stockdunkle Nacht. –

Doch da!

Auf der Straße stand, hoch aufgerichtet und fordernd, ein Mann, dem man ansah, dass er nicht zufällig dastand, sondern auf den Bauern gewartet hatte.

162

Der Bauer ging auch geradewegs auf die Erscheinung zu und erkannte zu seinem jähen Entsetzen den bereits verstorbenen Vater.

Der schaute ihn durchbohrend, wenngleich traurig an und sagte nur: »Du darfst dich bessern!«

Dazu muss man wissen: Wer im hiesigen Dialekt »du darfst« sagt, der meint ganz gewiss »du musst«.

Dann ging der längst verstorbene Vater mit dem Bauern das ganze Wegstück bis nach Hause.

Dort verschwand er. Für immer.

Der Bauer war überwältigt von der Erscheinung.

Gleich am nächsten Morgen eilte er, der sonst wenig mit der Kirche zu tun haben wollte, noch vor der Messe zum Pfarrer.

Er bat um die Beichte. Und bekam die Gelegenheit dazu.

Dann empfing der Bauer während der Frühmesse die Heilige Kommunion und ging anschließend nach Hause.

Er tat tagsüber seine Arbeit in gewohnter Weise.

Gegen Abend verstarb er plötzlich.

Vor dem Hintergrund dieses überraschenden Todesfalles bekommt die Erscheinung des verstorbenen Vaters eine erschütternde Dimension: Der Vater erkannte nämlich im Jenseits die Todesgefahr des Sohnes und er durfte zudem eingreifen, mochte er auch selbst – so formuliert es Pater Frumentius – »noch nicht in der Vollendung sein«.

Dieser besorgte Vater kam aus der anderen Welt herüber, da er das ewige Heil des Sohnes ernsthaft gefährdet sah. Dabei wählte er geschickt eine Vorgehensweise, die den angeheiterten oder vielmehr betrunkenen Jungbauern zur Besinnung brachte.

Der Worte wurden wenige gesprochen. Jedoch hat der Begleiter aus dem Jenseits die notwendige Erschütterung im gefährdeten Sohne hervorgebracht, sodass dieser am nächsten Morgen schnellstens zur Kirche ging und die Sakramente empfing.

Frumentius meint: »Ein Beispiel außerordentlicher Hilfe aus dem Jenseits, wohl aus dem Fegfeuer! Über diesen Vorfall hat der Pfarrer von Oberkirchberg damals ein amtlich beglaubigtes Protokoll ausgestellt, das ich vor der Klosteraufhebung hier gelesen habe, da es in der parapsychologischen Sammlung von P. Cyrillus Wehrmeister enthalten war; die ganze Sammlung bestand etwa aus zwanzig Leitz-Ordnern, die mehr oder weniger mit Briefen, Berichten und Dokumenten außergewöhnlicher Vorkommnisse angefüllt waren.«

Der Lohn der Fürsorge

Ein nahezu paralleler Fall ereignete sich im März 1993.

Eine Münchnerin, die den Fall weitererzählt hat, nahm sich ihrer allein stehenden Freundin an. Dazu musste sie die einsame Frau in regelmäßigen Zeitabständen in deren Haus besuchen.

Das lag weit außerhalb der Stadt, am Rande eines Ackers. Auf jeden Fall war es ein »magischer Ort« und es ist eine Tatsache, dass an bestimmten Plätzen bestimmte Ereignisse bevorzugt auftreten!

Als die fürsorgliche Freundin also wieder einmal da war, das Haus versorgte und der allein stehenden alten Dame Gesellschaft leistete, da sah sie durchs Fenster, wie ein unheimlicher Mann auf ihr Haus zuging.

Sie entschuldigte sich kurz bei der alten Frau, eilte nach draußen, überquerte ein kleines Stück des Feldes und holte den Mann ein.

Mit großem Erstaunen sah sie, dass es ihr eigener verstorbener Vater war!

»Ja, Vater...«

»Wir drüben in der Ewigkeit haben auch manchmal Urlaub und so komme ich jetzt zu euch.«

Die Frau hatte ihren Vater sehr geliebt und war über seinen damaligen Tod recht traurig gewesen.

»Und gehst du auch zu den anderen von unserer Familie?«, fragte sie, nachdem sie sich etwas beruhigt hatte.

»Nein, ich komme nur zu dir.«

Und er war verschwunden.

Pater Frumentius bemerkt zum Abschluss dieser Geschichte: Zaghaft wurde mir das erzählt; denn man weiß ja, dass die G'studierten (die Akademiker) solche Geschichten nicht glauben.

Das zweite Gesicht

Auch in Pater Frumentius eigener Erzabtei St. Ottilien geschahen paranormale Vorkommnisse.

Hierbei handelte es sich in den meisten Fällen um so genannte Hellsichtigkeit, d. h. das Voraussehen oder zumindest sichere Vor-Ahnen kommender Ereignisse.

Manchmal spricht man in diesem Zusammenhang auch vom »zweiten Gesicht«.

So war der erste Bruder, der Frumentius im Jahre 1920 in der berühmten Abtei begegnet ist, ein gewisser Bruder Cyprian Wimösterer (1878–1921). Dieser höchst übersinnliche Frater war ein Schäfer von Beruf und zudem zweifellos mit jenem mysteriösen »zweiten Gesicht« begabt. So soll er im Jahre 1918 ausgesagt haben: »Pater Prior Chrysostomus wird Abt, und das, während sein Vorgänger (das war der Erzabt Norbert Weber) noch lebt.«

Man muss dazu wissen, dass so etwas damals eine höchst ungewöhnliche Sache war. Außerdem wurde von dem begabten Seher-Bruder vorausgesagt, der kommende Abt würde in der Unterkirche ein Pontifikalamt abhalten: Genau so ist es denn auch gekommen.

Denn im Jahre 1930 wurde Pater Chrysostomus, der im Jahre der Vorhersage noch Prior in Tokwon in Korea gewesen war, Abtkoadjunktor in St. Ottilien.

1940 hielt er dann tatsächlich ein Pontifikalamt ab in der Unterkirche, da es unmöglich war, die Oberkirche zu verdunkeln...

Hat also der Seher mit dem zweiten Gesicht etwas Licht in die Dunkelheit dieser Zeit gebracht?

Und noch ein Pater war mit dieser Gabe ausgestattet.

Bruder Casimir Grentz (gestorben 1975) war hellsichtig, bis es im Jahre 1930 gelang, die Erdstrahlen unter seiner Schlafstätte auszugleichen. Damit ist indirekt ausgesagt, dass Hellsichtigkeit von gewissen örtlichen Begebenheiten abhängig sein kann.

Dieser Bruder Casimir Grentz also sah den überraschenden Tod von Pater Sigisbert Coray in Venezuela in folgender Form voraus: Er sah eine feierliche Beerdigung, doch... der Sarg war dabei mit einem Tuch zugedeckt!

Lange rätselte man in St. Ottilien, was das zu bedeuten habe.

Dann trat das Ereignis des vorausgesehenen Todes tatsächlich ein, dies geschah am 19. Februar 1927.

Wochen nach der Beerdigung kam der Bericht aus Caracas. Und nun fand die Prophezeiung tatsächlich eine Erklärung: Eine vornehme Familie in Venezuela hatte ein Zweitklass-Begräbnis angeordnet, völlig überraschend.

Und alle Einzelheiten des »Gesichtes« trafen ein, denn zu einem Zweitklass-Begräbnis gehört ein Tuch auf dem Sarg.

Die Macht
der
himmlischen Kräfte

Sakramente wirken! Nur die epidemisch um sich greifende Ehrfurchtslosigkeit gegenüber allem Heiligen ist schuld, dass der Glaube für Wert, Wirkung und Heilkraft der verschiedenen Sakramente abhanden kam.

Man hat das Sakrament mit dem liebevoll in Stein gefassten Brunnentrog verglichen: Einem Verdurstenden hilft es wenig, dass überall um ihn herum Wasser ist: in der Luft, den Wolken, im Boden, im Grundwasser.

Erst die Brunnenfassung bündelt das Wasser des Lebens, hält es bereit, damit es zum Trinken geschöpft werden kann.

So ist es mit den Sakramenten: Diese zwingen das Heil nicht herbei, sondern eröffnen den Zugang zu etwas, halten bereit, was uns Menschen geschenkt wird: Liebe, Heil, Heilung.

Nehmen wir die Sakramente ernst! Sie sind Zeichen, die die Liebe Gottes zum Menschen darstellen und in seinem Leben wirksam werden lassen. Sakramente sind mit Jesus und seinem heilenden Handeln vergleichbar: Christus zeigt durch jenes

Handeln nicht nur, wer Gott ist, durch ihn wird Gott selbst real und gegenwärtig. *Jesus ist das Ursakrament.*

In diesem Zusammenhang nennt der Pater gewissenhaft so genannte Sakramentalien, die ebenfalls schützend zur Verfügung stehen: geweihtes Olivenöl, Weihwasser, das grüne Skapulier, besondere Formen von Weihwasser (Ignatiuswasser, mit einer Ignatiusmdaille geweiht), Medaillen verschiedenster »Prägung«, Kreuzpartikel und Reliquien aller Arten.

DIE LETZTE ÖLUNG
BRINGT HEILUNG

Die Angestellte einer kleinen Firma in Nordrhein-Westfalen, Renate Zöbel, war schwer erkrankt. Sie lag darnieder mit Symptomen körperlicher sowie psychischer Art, wobei, wie so oft bei wirklich schlimmen Leiden, die eigentliche Ursache schwer oder gar nicht festzustellen war. Der Hausarzt, Dr. Benno Wieser, ein gesetzter Mann mit über zwanzigjähriger Berufserfahrung, erklärte den Besorgnis erregenden Zustand als ungewöhnliche Auswirkung der Wechseljahre.

Dazu bemerkte er allerdings: »Ich verstehe das nicht ganz.«

»Wieso und warum?«, fragte der besorgte und längst nervlich schwer angeschlagene Ehemann Eugen.

»Früher waren die Auswirkungen der Wechseljahre von relativ kurzer Dauer und keinesfalls so auffallend.« Dr. Wieser kramte in den Erinnerungen seiner Arzterfahrung, kratzte sich am Kopf, dachte nach, kam jedoch zu keinem befriedigenden Ergebnis.

Nun verschlimmerte sich der Zustand seiner Patientin allerdings so sehr, dass mit einem Ableben zu rechnen war. Noch dazu schien ihr Lebenswille restlos gebrochen. Der Mann hatte nicht einmal mehr die Kraft zu einer handfesten Verzweiflung. Apathisch nahm er zur Kenntnis, was ein Tag nach dem anderen ihm bot oder antat.

Da riet der Arzt, der irgendwie ein Seher war, der kranken Renate, die Letzte Ölung zu empfangen, das Sakrament der Krankensalbung also.

Und so geschah es. Ein erfahrener Priester trat ans Bett der Sterbenden und spendete das Sakrament der Krankensalbung.

Die Wirkung, so wird berichtet, »war frappierend«.

Die Patientin sank in einen tiefen Schlaf. Nicht weniger als sechsunddreißig Stunden schlief sie, ohne auch nur geringfügig aufzuwachen.

Dann schlug sie die Augen auf, lachte und war gesund.

Dieser Fall steht nur für unzählige andere. Am Sakrament der Krankensalbung sind schon viele Menschen wunderbar gesundet. Man denke etwa an den Rennfahrer Niki Lauda, der nach dem schweren Autounfall auf dem Nürburgring 1976 die Letzte Ölung empfangen hat. Darauf erholte er sich vollständig, schneller als je ein Arzt für möglich gehalten hätte.

Von der auffallenden Heilwirkung der Krankensalbung wissen übrigens die meisten Seelsorger zu er-

zählen. In anderen Fällen indes scheint dies Sakrament gelegentlich die Schwere der Krankheit zu mildern. Auf jeden Fall ist das Auftreten des Wunderphänomens in Zusammenhang mit dem »letzten Sakrament« für jeden Eingeweihten alles andere als ein Wunder.

Die Macht der Segnung

Wir schreiben das Frühjahr 1939. Wenngleich die Zeit mehr als turbulent war, so gab es Menschen, die innere Kriege ausfechten mussten. Schlachten um ihre Seele und Erschütterungen des Gemüts, so stark und verheerend, dass die Umwelt keine Rolle mehr spielte.

Pater Frumentius, der diesen Fall seelsorgerisch betreut hat, bereitete sich an jenem späten Vormittag bereits auf die Mittagshore vor. Da kam aufgeregt der Pförtner der breiten Eingangspforte des Klosters zu ihm: »Pater Frumentius, es sind Leute da, die Sie sprechen möchten – die haben es sehr nötig!«

»Was denn?«

»Sie zu sprechen, Pater. Offensichtlich geht es um eine junge Frau, die wirkt ausgesprochen hilfebedürftig!«

Das war exakt um 11.45 Uhr.

»Sprechzimmer drei«, sagte Frumentius nur.

Als er kurze Zeit später den Raum betrat, sah er Paula zum ersten Mal.

Fünfundzwanzig Jahre war sie alt, von feiner Statur, aber abgrundtief depressiv. Der Pater sah dies sofort. Ihre Brüder erzählten, Paula müsse ständig bewacht werden, so gefährdet sei sie. Genügend einschlägige Vorfälle in der Vergangenheit hatten den traurigen Beweis hierfür geliefert.

Um Paula stand es so schlimm, dass Pater Frumentius, trotz seiner Erfahrung in solchen Dingen, erschrak. Wörtlich berichtet er später: »Paula hatte den düsteren, dämonischen Blick, wie ich ihn nenne.«

Zunächst hielt sie die Augen niedergeschlagen, doch dann, unvermutet schnell, starrte sie mit diesem Blick den Pater an; wie auf ein Zeichen hin, das ihr jemand gegeben haben musste, bohrten sich angriffslustige und zerstörerische Augenpaare in den Benediktiner hinein. Der Blick aus diesem Augenpaar war nicht ungefährlich und wie dazu geschaffen, eigene gute Gedanken zu eliminieren – leicht hätte bei einer labilen Person der Funke, also der Dämon, überspringen können.

Frumentius hielt dem stand, gab den Krankensegen und empfahl sich.

Am folgenden Morgen meldete sich die Pforte bereits vor sieben Uhr morgens bei ihm.

»Was ist denn los?«

»Die junge Frau von gestern ist wieder da!«

Tatsächlich, da stand im frischen Licht einer eben aufgegangenen Sonne Paula. Frumentius war auf den erneuten mentalen Kampf gefasst, umso erstaunter war er jedoch, als er Paula sah. Sie stand auf der wuchtigen Schwelle der Klosterpforte und hatte mit dem vom Dämon besetzten Wesen von gestern nichts mehr gemein. Vor allem die freundlichen Augen fielen dem Pater Frumentius so angenehm auf. Der fiebrige, gemeine Blick vom Vortag, ein Blick, wie man ihn oft auch bei Angetrunkenen sieht, der fehlte völlig.

Paula wohnte siebzehn Kilometer vom Kloster entfernt, doch sie hatte den Weg hierher allein geschafft. Und sie war gern gekommen, wollte den Pater sofort sprechen und wirkte sehr froh und erleichtert.

Er bat sie herein. Alsdann fing die Frau an zu reden. Hier die wörtliche Wiedergabe von Frumentius' Niederschrift: »Nach dem Segen am Sonntag sei ihr leicht geworden. Während sie heimging, sei alles von ihr abgefallen, sie hätte singen können. Jetzt möchte sie beichten und kommunizieren.«

Sakramentalien haben Heilfunktion! Ebenso wie die Segnungen stehen sie in enger Verbindung mit den Sakramenten. Segnungen bereiten darauf vor, disponieren dafür, sofern nicht im Menschen »entgegenstehende Hindernisse« vorliegen. Nicht umsonst hat hier die Segnung zur Heilung, zum Wunsch nach Sakramenten geführt.

DER FLUCH DER SCHWESTER

Der vorliegende Fall ereignete sich im Jahre 1935 in Heilbronn. Pater Frumentius weilte »zufällig« dort.

Damals kam eine junge Mutter zu ihm. Sie trug ein drei Monate altes Kind auf dem Arm, das jämmerlich schrie. Verzweifelt und fordernd klang dies Schreien, irgendwie anders als das bekannte Schreien von Säuglingen.

Pater Frumentius erkannte schnell die Fremdbestimmung – selbst dieses noch so jungen Erdenbürgers.

So wunderte es ihn nicht, was die verzweifelte Mutter, die selbstverständlich mit den Nerven vollkommen am Ende war, zu berichten wusste: »Tag und Nacht dies Gebrüll, Pater! Das ist doch nicht normal!«

Frumentius blickte auf den blau angelaufenen Kinderkopf. Das Geplärre wurde von den weiß getünchten hohen Wänden der Gebäudemauern zurückgeworfen. Irgendwo unter dem Kreuztonnengewölbe überschlug sich der übersteigerte Klangsalat.

»Unglaublich«, dachte Pater Frumentius, »wo nimmt ein so kleines Geschöpf die Luft her?«

»Bitte, Pater, bitte segnen Sie mein Kind!«

Dieses Anliegen freute den frommen Mann. Sah er doch bereits in der aufrichtigen Bitte den Glauben der Frau – den Glauben an Heilung.

»Dein Glaube hat dir schon geholfen.« Der dies sagte, war kein Geringerer als Jesus Christus nach seinen Wunderheilungen.

Später erfuhr Pater Frumentius Folgendes: Die junge Mutter Elisabeth war schon ein fröhliches Kind, ein Sonnenschein, dem man ansah, es würde vom Leben reichlich beschenkt werden. Weil es selbst das Leben beschenkte: mit dem gewinnenden Lächeln, mit einer ständigen ehrlichen Hilfsbereitschaft, dazu mit einer angeborenen Begabung für viele Angelegenheiten des Lebens. Kein Wunder, dass bald viele Männer in guter Position und mit ehrlichen Absichten um die Hand der begehrenswerten Elisabeth anhielten. Sie suchte sich bald den Tüchtigsten unter ihnen aus, ihr Leben wäre in goldenen Bahnen verlaufen…

Aber sie hatte eine ältere Schwester, die war ganz und gar anders geartet. Negativ im Denken und in allem, was sie tat. Männer beschrieben zumeist einen weiten Bogen um Klara, wenn sich dann doch einer verfing, so dauerte die Beziehung nie lange und endete im Chaos.

Was typisch ist für Menschen wie Klara: Sie sah die Schuld für jedes eigene Versagen nie bei sich, sondern bei allen anderen. Schließlich hasste sie die gesamte Männerwelt, später hasste sie die Eltern und dann auch noch die ganze Welt an sich.

Auf die fröhliche und begabte Schwester blickte Klara immer schon mit Neid und pechschwarzen Gedanken; als dann Elisabeth und damit der von ihr so sehr beneidete Mensch sichtbar glücklich heiratete und bald auch schwanger ward, da brach die Bösartigkeit vollends aus der Schwester heraus: »Ich verfluche dich und dein ungeborenes Baby! Ein Schreier soll es werden, schreien muss es, bis es ständig blau ist, keine Freude sollst du haben an deiner Leibesfrucht, dein Kind soll dir und deinem Mann den Schlaf rauben, die Lebenskraft und alles! Schreien und plärren soll euer Kind, bis ihr das eigene Kind hasst, bis ihr euch selbst in die Haare kriegt! – Das wünsche ich dir! Sonst nichts!«

So unglaublich dies auch klingen mag und so unvorstellbar lebensverneinend die Kraft ist, die hinter diesen Worten gesteckt hat: Der Fluch ging in Erfüllung.

Denn Worte haben Kraft, im Guten wie leider auch im Bösen.

Nur durch Segen konnte dieser Fluch gelöst werden: Frumentius suchte im Brevier, das er damals besaß, nach einer geeigneten Formel der Kindersegnung. Schließlich fand er diese, sprach dann auch das richtige Gebet und legte dem immer noch weinenden Kind die Hand auf.

Da geschah Seltsames, das zunächst alle Umstehenden erschrecken musste!

Ein Zittern ging durch das kleine Wesen hindurch, durchlief es wie ein Schauer, von oben bis unten. Die Mutter, die das Baby immer noch im Arm hielt, konnte dieses Zittern und heftige Vibrieren deutlich wahrnehmen.

Dann war die arme kleine Kerstin geheilt – für immer. Sie schrie nicht mehr, ruhte friedlich im Arm der fassungslosen Mutter Elisabeth, die noch lange nicht glauben mochte, was da an Heilsgeschehen passiert war. Schließlich schlief Kerstin, nach all der Anstrengung durch das eigene tagelange Schreien, sanft und friedlich ein.

Wer weiß: Vielleicht war es auch anstrengend genug, ein mit solchem Fluch beladenes Baby zu sein, vielleicht spürte sie, wenngleich noch nicht mit Bewusstsein, dass sie ab jetzt frei war?

Das Baby ist heute fünfundsiebzig Jahre alt, selbst mehrfache Großmutter und kennt diese Geschichte natürlich nur aus vielen Erzählungen. Sie erinnert sich gern an ihre liebevollen Eltern, auch an eine sehr eigenartige Tante, der irgendwann ein schlimmes Ableben beschieden war.

Flüche treffen zuallerletzt immer den Verursacher!

Fluchlösung durch Segnung: Von großer Wichtigkeit ist das Zittern, das bei der fluchlösenden Wirkung der Segnung durch den Körper des Kindes lief.

Frumentius weist darauf hin, dass auch Erwachsene als Segenswirkung oftmals bestätigen: »Ein Zittern sei durch sie hindurchgegangen, von oben bis unten.«

Auch ein Wärmegefühl wird oft spürbar. Segen und Sakramentalien haben ihre Bedeutung überall dort, wo einer Krankheit auch ein dämonischer Anteil anhaftet. Ärzte wissen davon! Deshalb kommt es vor, so Pater Frumentius, »dass auch gläubige evangelische Ärzte bei entsprechender Situation Patienten zum katholischen Priester schicken«.

DIE BEDRÄNGTE FRAU

Etwa um die Jahreswende 1983/1984 bekam Frumentius einen verzweifelten Telefonanruf: »Bei uns ist der Teufel los!«

»Wie bitte?«

»Pater, wir meinen es ernst. Mit der Frau stimmt etwas nicht. Dürfen wir kommen?«

Wer »die Frau« war, das sagten sie nicht. Nun gut, ein Benediktiner ist viel gewohnt. Sie würden sich schon noch vorstellen, alle miteinander.

Am Nachmittag desselben Tages kamen sie dann wirklich. Der Pförtner meldete die Besucher, genauso wie es heute auch noch geschieht. Frumentius trat in das Sprechzimmer drei und traute seinen Augen nicht: Drei bärenstarke Männer standen da, sie sahen ihn erwartungsvoll an, die unscheinbare Frau in der Ecke des Zimmers schien hier gar keine besondere Rolle zu spielen.

Frumentius schritt wie durch die Männer hindurch, die Frau war sichtlich infestiert (bedrängt). – Einem Unkundigen wäre vielleicht gar nichts aufgefallen, außer einer eigenartigen Starrheit, der kundige Pater wusste jedoch sogleich, was er da vor sich hatte.

Er segnete die Frau nun ruhig und gewissenhaft und nicht nur das: Er wandte auch gezielt eine exorzistische Formel an.

Da schien sich bei der Frau, die plötzlich ihren Namen Elvira nannte, die Starre zu lösen. Sie benahm sich fortan ziemlich normal. Bevor sie jedoch noch etwas anderes hätte sagen können als eben den Vornamen, verabschiedeten sich alle vier Personen.

Eigenartig, dachte der Pater bei sich.

Das Entfernen eines Dämons muss noch lange nicht zur Höflichkeit und Dankbarkeit führen. Andersherum hat Stoffelei jedoch mit Dämonen nichts zu tun.

Gedankenverloren kam Pater Frumentius an der Pforte vorbei. Der Dienst tuende Pförtner war Bruder Philo, der einige Jahre später, im Jahre 1987, verstarb. Was musste Frumentius nun zu seinem großen Erstaunen, ja Entsetzen, hören!

»Die eigenartige Frau von vorhin hat man hereintragen müssen. Sie wirkte steif wie eine Leiche oder wie tiefgefroren.«

Philo liebte schon immer die bildhafte Sprache. Er berichtete weiter über den aufwendigen Transport der von Dämonen Bedrängten: »Die Männer hatten wirklich alle Hände voll zu tun. Die Frau war wie ein Brett...« Nur zwischendrin schien sie in Krampfanfällen überdurchschnittliche Kräfte entwickelt zu haben, sodass die drei gestandenen Kerle sie kaum hätten halten können.

»Dämonen entwickeln bisweilen unglaubliche

Energien«, dachte Frumentius bei sich, dann schritt er in Innere des Klosters zurück. »Wird schon etwas werden«, so sagte er zu sich selbst.

Am nächsten Morgen stand die Frau vor ihm! Diesmal ohne Begleitschutz, sie war aus eigenen Stücken hierhergekommen, um den Segen erneuern zu lassen.

Die »Heilung« schien sich nun auch auf ihre Umgangsformen auszuwirken: Sie bedankte sich, grüßte und bat höflich um den neuen Segen.

»Aha«, dachte Frumentius.

Von einer sofortigen Heilung kann in diesem Falle nicht berichtet werden. Vielleicht war das ruhelose Wesen auch zu sehr von »dunkler« Seite her beeinflusst. Solange Elvira jedoch kam, sah man überdeutlich, dass der Segen ihr Befinden augenblicklich verbesserte.

Im Laufe der Zeit, so ist zu erfahren, gesundete sie.

Bei allen Formen von Infestation, Bedrängung also, dürfte der gewöhnliche Segen nicht ausreichen. In diesem Falle, so der Pater, »sind auch exorzistische Segensformeln nötig«. Sodann darf auch nicht übersehen werden, dass es vielfach einer öfteren Segensspendung bedarf! Schon deshalb, weil (wie hier bei den späteren Rückfällen zu sehen) das Übel eben die Tendenz hat zurückzukommen. Wenn man es dann übersieht, die Segnung wiederholen zu lassen, kann sich das sehr nachteilig auswirken.

DAS ERSPÜREN HEILIGER RELIQUIEN

Pater Hugo Reinhardt weilte dereinst vor nunmehr zehn Jahren im Kloster Schäftlarn, das wunderbar im Voralpenland und an der reißenden Isar liegt.

Da kam zu ihm der Pater von Lama, der für seine hierognostischen Fähigkeiten berühmt ist. Das bedeutet: Pater von Lama riecht förmlich, wenn etwas Heiliges im Raum ist.

So stand der Sensible also im Zimmer des Paters Hugo, streckte die Nase in die Luft, wie um eine Witterung aufzunehmen, und sagte dann bestimmt:

»Sie haben hier eine Reliquie.«

»Wie denn?«, so der andere.

»Doch!«

Der Angesprochene verneinte nun mit Entschiedenheit. Reliquien waren für ihn etwas sehr Kostbares und hoch zu Verehrendes, wie hätte er leichtfertig eine Reliquie im Raum haben können, ohne davon zu wissen?

Außerdem fühlte er sich irgendwie an die Wand gedrängt, wiewohl ihm klar war, dass sein Gesprächspartner keinerlei Hintersinn pflegte.

»Reliquien würde ich keineswegs einfach so im Zimmer herumliegen lassen«, sagte Pater Hugo Reinhardt nun.

»Nun gut«, erwiderte der andere und wandte sich ab. Man spürte jedoch, er tat dies nur aus Höflichkeit, nicht aus Einsicht. Pater von Lama, den sein Gespür für heilige Gegenstände noch nie getäuscht hatte, wollte kein Rechthaber sein.

Kaum war er aus dem Raum, da hatte Hugo ein recht eigenartiges Gefühl.

Eine Reliquie! Hier? – Niemals.

Er legte sich auf das einfache Bett, sank in einen Dämmerzustand zwischen Traum und Wachen.

Natürlich!

Vor vielen Jahren… ein Geschenk. Er hatte es immer melden wollen, hatte dies hinausgeschoben von Tag zu Tag, Jahr zu Jahr, schließlich verdrängt.

Dann griff er mit traumwandlerischer Sicherheit in die hinterste Ecke eines Schrankfaches und förderte das sorgfältig in Gold gefasste Knöchelchen einer Heiligen zutage.

Frumentius weist darauf hin: »Selbstverständlich dürfen nur amtlich beglaubigte Reliquien aufbewahrt und nach den liturgischen Vorschriften verehrt werden.«
Zum tieferen Verständnis von Reliquien gibt er ein Beispiel: Es existieren mehrere Schleier der Muttergottes, von denen die heilige Maria ganz gewiss

keinen einzigen besaß. Das sind so genannte Berührungsreliquien, die zu der ältesten Art bekannter Reliquien zählen. Man legte ein Stück Tuch auf ein Heiligengrab, und zwar über Nacht. Am nächsten Tag war dann der Stoff (eben wegen der Berührung) eine Reliquie.

Eine Beichte vertreibt die Zwischenwesen

Bei Braunschweig lebte ein Jugendlicher, Bernhard Wolter. Er war intelligent, sensibel, dabei durchaus von kräftiger Statur, ein guter Fußballer war er auch und alles andere als weltfremd oder zur Frömmelei neigend. Religiös abwegige Denk-Richtungen, die ab den siebziger Jahren für viele Jugendliche seines Alters *in* geworden waren, interessierten ihn noch weniger. Eher konnte man von einer technischen Begabung bei ihm sprechen.

Es geschah an einem jener Trainingsabende der Fußballauswahl der begabten Jugend des DFB, an einem nebeligen Novemberabend 1978, bei einem typischen gesellig-fröhlichen Beisammensein, das dann in langem fröhlichen Plaudern und Herumblödeln im Vereinslokal endet. Einige tranken Alkohol, Bernhard aber freute sich nur der ausgelassenen Geselligkeit, kam spätabends heim, die Eltern schliefen schon, Bernhard legte sich müde ins Bett.

An Schlaf war jedoch nicht zu denken. Es war ihm, als sei er nicht allein, ihn schauderte, irgendwann schlief er halb ein.

Da stand eine Gestalt an seinem Bett, gute zwei Meter hoch, und dieses entsetzliche Wesen griff nach ihm.

Er schrie, erwachte von dem eigenen Schrei, versuchte dann wieder einzuschlafen, doch spürte er, dass das Zimmer von bösartigen Gestalten nur so wimmelte.

Und die wollten alle bestimmt nichts Gutes von ihm. Von Müdigkeit übermannt durch den vielen Sport, sank er wiederum in Halbschlaf: Genau dann kamen die Zwischenwesen erneut zurück; sie waren nicht nur da, sondern griffen ihn regelrecht an.

So ging es Nacht für Nacht, seine Gesundheit schwand, bald schon musste er aus Schwäche nicht nur dem Fußball, sondern auch der Schule fernbleiben.

Gott sei Dank fand sich durch Fügung ein wissender Geistlicher, der schon beim ersten Besuch des alten Hauses merkte: Diese Wände und Räume waren belastet.

Am nächsten Tag versuchte Bernhard erneut zu schlafen. Diesmal hatte er die eigenartige Vision, dass dunkle Gestalten beständig weggingen, wie er es später ausdrückte. Das war indes nicht weniger grausig, er war nun entschlossen, alles zu tun, um das Gräuel loszuwerden.

Der Geistliche riet zu einer gründlichen Beichte.

Das war nun eigentlich Bernhards Sache nicht, durch den Schrecken der durchwachten Nächte, der sich längst mit der Angst vor dem erneuten Schlafengehen paarte, tat er jedoch alles, was man von ihm verlangte.

Schon in der folgenden Nacht hatte er völlige Ruhe. Er schlief auch die folgenden Nächte tief, fest und traumlos, später erinnerte er sich gar an angenehme und schöne Träume.

Von den Gestalten des Bösen wurde er nie mehr angegangen.

Pater Frumentius folgert aus diesem Vorfall, dass das Bußsakrament zwar primär eine innige Verbindung mit Gott bewirkt, daneben jedoch auch einen besonderen Schutz gegen das Böse darstellt, auch wenn dies Böse in der sehr handfesten Form so genannter Infestationen (tatsächlich Gestalt angenommen habende Wesen) eine Person angreift.

Vergessen wir niemals Wert und Wirkung der Sakramente. Zu ihrer Gnadenwirkung kommt zumeist die »sanitas mentis et corporis«, also die seelische und körperliche Gesundheit. Diese wird in jedem Fall positiv beeinflusst. Geschadet hat ein Sakrament noch keinem.

Die Firmung
als Gnadengeschenk

So ziemlich unbekannt ist, dass die Firmung auf den konstitutionellen Zustand des Körpers deutliche Auswirkungen hat. Angelegentlich dessen berichtet Pater Frumentius von einem der spektakulärsten Fälle, der schon im »vorgeburtlichen Zustand« seinen Anfang nimmt. Dies alles geschah Mitte der achtziger Jahre in Aachen.

Es begann also alles bei der vorgeburtlichen Untersuchung der heute fünfzehn Jahre alten Anna.

Damals stellte der untersuchende Arzt fest, das Kind werde in jedem Falle behindert sein, der Fall lag so eindeutig, dass man der Mutter zu einem Schwangerschaftsabbruch riet. Das alles in einem katholischen Krankenhaus.

»Aber es ist mein Kind! Ich will und werde es behalten!«

Jetzt prasselten auf die werdende Mutter all die bekannten verstandesmäßigen und logischen Argumente hernieder.

Allein, sie hielt all dem stand und brachte das Kind zur Welt.

Anna zeigte tatsächlich die Anzeichen von Behinderung, wie diese vorausgesagt waren; allein, sie wurde in eine Umgebung herzlicher Liebe hineingeboren, der Vater bejahte das von Anfang an fröhliche Mädchen ebenso wie die Mutter und auch das gesamte Umfeld kam dem kleinen Wesen liebevoll entgegen. Mit herzlicher Fürsorge und Bejahung wurde Anna in einer christlichen Familie aufgezogen.

Die Mutter bereute es keinen einzigen Augenblick, die angeratene Abtreibung abgelehnt zu haben, mehr noch: Sie betrachtete das Kind als Geschenk Gottes.

Übrigens war die Behinderung so schwer auch wieder nicht, ursprünglich hatte man den Fall viel ernster eingeschätzt, als er sich nun zu erkennen gab.

Tatsächlich lag eine sprachliche und bisweilen körperliche Beeinträchtigung vor. Anna bekam eine eigene schulische Betreuung. All ihre Mängel wurden jedoch durch ihr sonniges Wesen und eine ganz eigene Art, Personen und Situationen seelisch äußerst treffend einzuordnen und richtig zu bewerten, aufgehoben.

So wurde Anna zehn Jahre alt.

Dann kann sie in die frühe Pubertät.

Da stand in der Gemeinde ein Firmtermin an. Die Mutter wollte Anna unter die Firmlinge aufnehmen lassen.

Es traf sie dann jedoch wie ein Schlag ins Gesicht: Der Ortspfarrer widersprach.

Standhaft, wie sie war, vor allem in Belangen des

Glaubens, wandte die Frau sich an den Bischof Hemmerle von Aachen.

Der hörte ihr lange zu und unterhielt sich auch mit dem Kind. Dann sagte er der Überglücklichen das zu, was die Mutter für so wichtig hielt – und firmte den jungen Teenager selbst.

Frumentius, der den Fall genau verfolgt hat, berichtet nun: »Seitdem hat sich in dem Kind eine ungewöhnliche Entwicklung zum Guten vollzogen.«

Das liebenswerte Mädchen, das seine ursprüngliche engelhafte Fröhlichkeit beibehielt, gesundete immer mehr. Es lernte nicht nur lesen, sondern entwickelte sich, wie viele andere junge Mädchen auch, zur wahren »Leseratte«. Die körperliche Beeinträchtigung schwand ganz.

Die Ärzte konnten nichts erklären. Also taten sie sich schwer, die Gesundung zuzugeben. Allein, Anna wechselte bald in eine öffentliche Schule.

Sie denkt klar, so wie eine Gleichaltrige und sagt, sie wolle einen »heilenden Beruf« ergreifen.

Die Familie indes wird nicht müde, Gott und dem Heiligen Geist Dankgebete zu schicken.

Leider geht das Verständnis für die wundersame Kraft der Sakramente in unseren Tagen verloren, für die so genannten Sakramentalien und altbekannten Segnungen gilt dies umso mehr. Beide haben eine ausgewiesene Heilfunktion, wovon die folgende Geschichte künden mag.

EINE MARIENERSCHEINUNG, DIE KEINE SEIN DARF

In einem Ort am Bodensee, der nicht genannt sein soll, lebten zwei fromme Frauen, Dienstmädchen von Beruf, beide waren bemüht, ein gottgefälliges Leben zu führen. Und ihr Bemühen hatte Erfolg.

Die eine hieß Melanie, die andere Magda. Vater Rieder hatte einen gut gehenden Metzgerladen und gehörte gewiss nicht zu den Ärmsten in der nahen Stadt inmitten der prächtigen Natur mit nahezu mediterranem Klima.

Allerdings war der Vater streng. Die Jüngere der Töchter, Melanie, musste hinter die Theke einer gut gehenden Wirtschaft, die unter der Hand ihm gehörte, arbeiten.

Gernot Rieder war eben ein durchtriebener Geschäftsmann, allerdings nicht kriminell. Erwähnenswert ist, dass die beiden Mädchen vom Elternhaus keinerlei religiöse Disposition erhalten hatten. Die Mutter spielte in der Erziehung und Entwicklung nur eine Nebenrolle; zu dominant war der Vater.

Eines Tages schickte Melanie sich an, zur Messe zu gehen. Es war ein lauer Sonntagmorgen, sie wollte mehr aus Gewohnheit, nicht aus religiöser Sehnsucht oder spirituellem Streben dorthin.

Doch was war das! Plötzlich wurde es hell im Zimmer! Ein gleißendes Licht, blendend, aber dennoch wohltuend, wie ein wohliger Schauer, der durch die Augen und das Empfinden in die Seele strömte. Innerhalb des Lichtscheines, gloriolenhaft umkränzt, strahlend und eindeutig zu erkennen: die Muttergottes!

»Baue eine Kapelle«, sagte sie und lächelte.

Bevor Melanie, die ihre Hände vors Gesicht hielt und durch die Finger schaute, irgendwie hätte reagieren können, war die Erscheinung verschwunden.

Das alles geschah im Jahre 1936.

Melanie nahm diese Rede sehr ernst. Wenngleich religiöse Erfahrungen dieser Art ihr bis dahin unbekannt waren, so wusste sie doch: Diese Madonna war wirklich erschienen und hatte zum baldigen Handeln aufgefordert!

Euphorisiert, mit wehenden Kleidern und geröteten Backen, eilte sie zur Schwester, ihr alles zu erzählen. Was aber tun? Es war eine Zeit in Deutschland, in der Baumaterial so gut wie überhaupt nicht zu bekommen war.

Noch dazu lag der Ort, an dem die Schwestern wohnten, abseits des Verkehrs. Zur nahen Stadt hin kaum eine ausgebaute Straße. Hier eine Kapelle errichten?

Magda, die Ältere, riet Melanie, einen kundigen Geistlichen zu konsultieren. Der fand sich bald und Melanie erzählte ihm genau, was ihr bei der Erscheinung gesagt worden war. Auch schilderte sie die Offenbarung so detailgerecht wie nur möglich.

»Ihr sollt drei Zeichen verlangen!«, riet der kluge Priester dann. Und weiter: »Treten diese Zeichen innerhalb einer bestimmten Frist ein, so ist es ein deutlicher Hinweis von oben.«

Kurz darauf gesundeten drei krebskranke Menschen im näheren Umkreis der Schwestern.

»Wie durch ein Wunder« gelang es den Schwestern nach unermüdlicher Kontaktpflege und selbstlosem Einsatz, sowohl Helfer als auch Material zu besorgen. Das Kirchlein wurde gebaut, es trug ein spitzes Dach nach Art der alten Kapellen, die man in dieser Gegend kannte.

Wie von Zauberhand war plötzlich auch genügend Baumaterial da.

In Jahre 1938 wurde dann alles anders: Die Gestapo hörte von der religiösen Begeisterung an jenem Ort, von der aufkeimenden und Früchte tragenden Mystik, die bis in die nahe Stadt hinein strahlte. So fasste man den Plan, Melanie in ein »Krankenhaus« zu deportieren.

Eines Morgens klingelten unheimliche Herren in schwarzen Ledermänteln, mit dunklen, tief ins Gesicht gezogenen Hüten, an der Tür des Hauses.

Man führte sie ins Zimmer der Gesuchten.

200

Diese lag tot auf dem Sofa.

Stumm und friedlich entschlafen in der vorhergehenden Nacht, ohne irgendeine sich ankündigende Krankheit oder auch nur die Spur eines Leidens: Gott hat sie liebevoll und vorausschauend durch einen unerwarteten und sanften Tod vor dem erlöst, was die Gestapo mit ihr vorhatte.

Die Schwester Magda musste sich noch lange vor den Nazis und deren gezielten Nachstellungen verstecken.

Frumentius hat sie gut gekannt. Wenn er von ihr spricht, ist ein liebevolles Lächeln in seinen alten und ewig jungen Augen nicht zu übersehen.

Als ich Pater Frumentius um eine nähere Erklärung dieser Geschichte bat, da wurde er so lustig wie selten zuvor: »Der 13. Mai naht, Maria greift stets ins Weltgeschehen ein.«

Dann lachte er: »Marienerscheinungen dürfen in Bayern nicht sein.«

»Wie bitte! – Warum?«, fragte ich und schaute ihn an.

»Gott ist zwar allmächtig, aber die Bedingungen der Theologen im deutschen Sprachgebiet, die erfüllt er nicht.«

Deshalb gibt es spektakuläre Marienerscheinungen eben mehr in südlichen Ländern.

DIE VORAUSSAGE DES DRITTEN GEHEIMNISSES VON FATIMA

So heiter der fromme Pater war, als er davon klagte, dass in deutschen Landen Marienereignisse einfach nicht zu sein haben, so ernst wurde er bei all unseren Gesprächen, wenn es um den 13. Mai ging.

Am 13. Mai 1917 erschien die Gottesmutter in dem bis dahin unbekannten Dorf Fatima nahe Lissabon in Portugal drei »Seherkindern«: Lucia Santos (zehn Jahre), Francisco Marto (neun Jahre) und Jacinta Marto (sieben Jahre).

Es war ein Sonntag nach Christi Himmelfahrt. Die Kinder hatten soeben ihre Schafe in die Cova da Ira (eine magische Höhle) getrieben.

Unglaublich heiß war der Mittag, blendend hell das Licht.

Da!

Ein Lichtblitz!

»Dann«, so erzählt Lucia später, »erblickten wir eine Dame, ganz in Weiß gekleidet, strahlender als die Sonne. Sie verbreitete ein helleres Licht als 'die Sonnenstrahlen, die durch ein mit Wasser gefülltes Kristallglas fallen.«

Jener weltbewegenden Madonnenerscheinung, die

202

sich im Folgenden sechsmal wiederholte, ging mehrmals die Licht-Vision eines Engels voraus: Lucia berichtete später darüber, dass sie »in einiger Entfernung über den Bäumen gegen Osten ein Licht erblickten, weißer als Schnee, in der Form eines durchsichtigen Jünglings, strahlender als ein Kristall im Sonnenlicht. (...) Als er bei uns anlangte, sagte er: ›Habt keine Angst, ich bin der Engel des Friedens! Betet mit mir.‹«

Daraufhin bat die Gottesmutter die drei überwältigten und bis in den letzten Winkel der Seele getroffenen Kinder, bis zum Oktober des laufenden Jahres jeweils am 13. Tag des Monats wiederzukommen. Die mehrfachen Erscheinungen der Gottesmutter wurden, nach vielem Hin und Her, von der Kirche offiziell beglaubigt. Auch Päpste haben sich zu Fatima bekannt, besonders Pius XII. und Paul VI. und ganz besonders Johannes Paul II.

Dieser erneuerte in Fatima am 13. Mai 1982, ein Jahr nach dem Attentat, als ein dreiundzwanzigjähriger Türke, Ali Agca, auf ihn geschossen hatte, die Weltweihe an das unbefleckte Herz Mariä.

Auch am 13. Mai 1991 kehrte er an jenen heiligen Ort zurück, da er das Wunder seines Überlebens nach den drei Schüssen, die ihn auf dem Petersplatz trafen, hier angesiedelt glaubt.

Schon bei den ersten Begegnungen mit mir redete Pater Frumentius intensiv und leidenschaftlich von der Papstreise im Jahre 2000, die ja damals noch bevorstand: »Der Papst wird eine Rede halten... Er wird das ›dritte Geheimnis‹ offenbaren... Es wird ein ›großes Ereignis‹ eintreten«, so erzählte der Pater immer wieder. Und man sah ihm an, wie ernst er es meinte.

Und in der Tat sollte ich bald feststellen, wie Recht er mit dem Gesagten haben sollte. Denn am 13. Mai berichteten die Medien: Nachdem das erste Geheimnis offenbar wurde (Ausbruch des Zweiten Weltkrieges), nachdem das zweite Geheimnis sich einstellte (Zusammenbruch des Kommunismus), hat nun, am 13. Mai 2000, der Papst das dritte Geheimnis verraten: Demnach ging es bei der »dritten Vision«, jener von 1913, um »einen weiß gekleideten Bischof, der ›wie tot zu Boden fällt, unter Schüssen aus Feuerwaffen.‹«

So hatte also das lange gehütete »dritte Geheimnis von Fatima« nichts Geringeres zum Inhalt als das Attentat auf den Papst!

Und Pater Frumentius hat dies schon lange vorher gewusst!

Wie Sie mit diesem Buch weiterleben

Wunder gibt es, sie sind wirklich, sie wirken, Wunder sind also Wirk-lichkeit. Und wahr.

Nun wird bestimmt nicht alle Tage das Heilige in Ihr Leben hereinbrechen, es wird sich auch nicht allzu schnell ein Dämon einstellen (obwohl dies schneller gehen mag, als man glaubt) und der Kontakt zum Jenseits ist – zum Glück für die Betroffenen – recht schwer herstellbar. Trotz der vielfältigen und teilweise modisch bedingten Experimente unserer Tage bedarf jede okkulte Handlung einer langjährigen Erfahrung und außerordentlichen Selbstdisziplin. Deshalb ist der beste Eigenschutz, die Finger davon zu lassen.

Halten Sie sich lieber an Gott (an sonst niemanden!), an dessen unendliche Schöpferkraft, an seine Fähigkeit, zu jeder Zeit in unserer irdischen Zeit eingreifen zu können: Zumeist tut er dies, um zu heilen!

Nur zulassen muss man es und offen sein.

Und glauben!

Wunder sind wahr, logisch sind sie nicht, sollen und wollen es auch nicht sein.

Wunder sind Wunder, so banal das vielleicht klingen mag.

Wunder zeigen die unbegrenzte Kraft des Kosmos, die Kraft Gottes und all seiner Engel.

Und Wunder demonstrieren und beweisen uns immer wieder: Alles ist möglich.

Pater Frumentius sagt: »Zu allen Zeiten der christlichen Ära hat das Wort des Herrn gegolten und hat sich verwirklicht: ›Das Reich Gottes ist in euch!‹ Die Wunderheilungen und das Sonnenwunder sind unwiderlegbare Fakten. Die ungläubige Welt muss sich damit begnügen, sie zu ignorieren.«

Die Beschäftigung mit Wundern ist lebensverändernd, lebenserhaltend, oft auch lebensrettend.

Das Leben selbst ist ein Wunder.